GOLDMANN KLASSIKER

Band 7509

———

Seneca. Moralische Briefe; Von der Vorsehung

LUCIUS ANNAEUS SENECA

Ausgewählte Werke in drei Bänden:

Vom glückseligen Leben; Trostschrift für Marcia;
Von der Ruhe des Herzens (526) DM 3.–

Von der Kürze des Lebens; Über den Zorn; Von der Muße
(1391) DM 3.–

Moralische Briefe; Von der Vorsehung (7509) DM 4.–

SENECA

Moralische Briefe
Von der Vorsehung

WILHELM GOLDMANN VERLAG
MÜNCHEN

70311 · Made in Germany · II · 21130

Ins Deutsche übertragen und ausgewählt von Dr. H. M. Endres. Alle Rechte
vorbehalten. Umschlagentwurf: Ilsegard Reiner. Gesetzt aus der Linotype-
Garamond-Antiqua. Druck: Presse-Druck Augsburg. Verlagsnummer 7509 ·
Hn/Hu
ISBN 3-442-07509-2

INHALT

6

EINFÜHRUNG

Das äußere Leben des römischen Philosophen Lucius Annaeus Seneca ist uns heute weitgehend erschlossen. Es besteht kaum ein Zweifel, daß er etwa um das Jahr 4 v. Chr. zu Corduba, dem heutigen Cordova in Spanien, als Sohn des offenbar geschätzten Rhetors Seneca geboren wurde. Bald begegnen wir der ganzen Familie in Rom, wo Lucius entscheidende Anregungen in der Schule des Sotion empfing, der ihn vorübergehend mittels der Theorie der Seelenwanderung für den Vegetarianismus zu begeistern vermochte; auch der bedeutende stoische Philosoph Attalus zählt zu Senecas Lehrern, während sein eigener Vater von der Philosophie nicht viel hielt. Ein enges menschliches Verhältnis scheint er nur zu seiner Mutter Helvia gewonnen zu haben, die auch seinen Studien alles Verständnis entgegenbrachte. In seiner Trostbotschaft »Ad Helviam matrem«, in der er sie in ihrer Trauer um seine eigene Verbannung zu trösten suchte, setzte er ihr dafür auch ein ergreifendes Denkmal. Nicht ohne tiefgreifenden Einfluß war für ihn zweifellos ein längerer Aufenthalt bei seiner Tante, der Gattin des kaiserlichen Prokurators in Ägypten. Bald hernach betrat er schließlich als Quästor die Ämterlaufbahn, geriet aber schon in kurzer Zeit unter Kaiser Caligula in solche Schwierigkeiten, daß ihn nur die Tatsache vor dem sicheren Tode rettete, daß ihm der Tyrann ohnehin nur noch eine kurze Lebenserwartung glaubte zubilligen zu müssen; Seneca hatte nämlich bei seinem erwähnten Aufenthalt in Ägypten die erhoffte Heilung von seiner Schwindsucht nicht gefunden und mag gerade um diese Zeit deswegen wirklich dem Tode nahe gewesen sein. Unter Kaiser Claudius ereilte ihn aber das Schicksal doch, da dessen Gattin Messalina seine Verbannung nach Korsika durchzusetzen wußte. Ein angebliches ehebrecherisches Verhältnis des Philosophen zu Julia Livilla, der Schwester des Caligula, gab diesmal den Vorwand für seine Verurteilung ab. Acht schwere Jahre verlebte der immer noch um seine Gesundheit Ringende auf der unwirtlichen und wegen ihrer Schrecken gefürchteten Deportationsinsel, um dann ebenso plötzlich auf Veranlassung der Gemahlin des Claudius zurückberufen zu werden. Offenbar hatte sich Seneca damals durch seine schriftstellerische Tätigkeit bereits einen solchen Namen gemacht, daß ihn das Kaiserhaus schon aus Gründen des Prestiges an den Hof zu binden suchte. In der hohen Stellung eines Prätors wußte er dann jedenfalls das in ihn gesetzte Vertrauen so zu rechtfertigen, daß man ihn sogar zum Lehrer und Erzieher des kaiserlichen Prinzen Nero machte. Diese Aufgabe scheint auf Seneca wahrhaft faszinierend gewirkt zu haben; wir gewinnen diesen Eindruck nicht nur aus der ihm lange Zeit bewahrten herzlichen Zuneigung des Zöglings, dessen erste Regierungsjahre noch ganz und gar von der glücklichen Beeinflussung durch Seneca geprägt sind, sondern vor allem aus der Schrift »Über die Milde«, die ein großartiges Zeugnis des hohen Ethos ist, mit dem der Erzieher seine Aufgabe erfüllte.

Den Gipfel äußeren Glückes erreichte Seneca vollends, als ihm das Konsulat übertragen wurde und als man ihm zusammen mit seinem Amtskollegen Afranius Burrus für die Zeit der Minderjährigkeit Neros die Regentschaft übertrug. Daß gerade diese Jahre für das Weltreich zu einer außerordentlich glücklichen Zeit wurden, mag man als Rechtfertigung für Platons Forderung ansehen, daß im idealen Staat als Könige die Philosophen herrschen sollten. Wie schlimm es im andern Falle gehen konnte, das bekamen Rom und Seneca insbesondere nach Ablauf der Regentschaft zu spüren, als Nero selbst die Zügel in die Hand nahm. Der bedenkliche Einfluß der Kaisermutter Agrippina hatte Neros schlimme Neigungen, die Seneca einige Zeit noch eindämmen konnte, äußerst gefördert, und der Philosoph sah sich mehr und mehr vor die bittere Notwendigkeit gestellt, entgegen seiner freiheitlichen Gesinnung zu den Handlungen des vom Größenwahn Gezeichneten zu schweigen. Schon war Burrus – wohl durch Gift – beseitigt, da brach auch über den damals 62jährigen Seneca das Unheil herein. Noch ließ sich nach seiner Kaltstellung das Schlimmste drei Jahre umgehen – es waren die Jahre, in denen Seneca in der Abgeschiedenheit seiner unfreiwilligen Muße sein Lebenswerk abrunden und vollenden konnte, und es mutet fast wie eine makabre Geste des Tyrannen Nero gegenüber seinem Lehrer an, daß er erst jetzt zum letzten Schlag ausholte. Das geschah freilich unter dem lächerlichen Vorwand, Seneca habe an der sogenannten Pisonischen Verschwörung teilgenommen, die dem Kaiser ums Haar das Leben gekostet hätte. Tacitus schildert in den »Annalen« die Einzelheiten dieses erschütternden Sterbens, jenes befohlenen Selbstmordes, der im heutigen Leser Erinnerungen an schaurige Parallelen jüngst vergangener Zeiten wachruft (z. B. an den Selbstmord Feldmarschall Rommels 1944). Die skrupellose Tyrannei wußte sich des hohen Geistes zu entledigen ohne Untersuchung einer auch nur vorgeblichen Schuld, ohne Prozeß und ohne Urteil. Seneca aber gab sich in wahrhaft sokratischer Größe und Abgeklärtheit den Tod, und seine treue Gattin Pompeja Paullina wäre ihm gefolgt, hätte dies nicht ein bezeichnender Befehl des Tyrannen unmöglich gemacht. Schon die Besten seiner Zeit empfanden Senecas Tod als eine der Menschheit und Roms unwürdige Katastrophe.

Daß mit Seneca eine einmalige philosophische Begabung hingegangen war, zeigt schon ein flüchtiger Überblick über sein philosophisches Gesamtwerk. Es handelt sich dabei um die Summe von Senecas moralischem Denken und seiner reichen Lebenserfahrung, die der Autor wohl kurz vor seinem tragischen Tode als Abschiedsgeschenk an die nachfolgende Menschheit übergeben hat.

Die Frage, ob die Reste des Briefwechsels, soweit sie auf uns gekommen sind, wirklich geschriebene Briefe darstellen, oder ob hier nur die Briefform als literarische Hülle benützt wurde, um philosophisch-ethische Einzelfragen in gedrängter Form aus der Praxis des Lebens heraus darzustellen, wurde oft diskutiert und ist im einzelnen zu keinem Abschluß gekommen. Allzuviel tut auch der Standpunkt, den man hier einnimmt, nicht zur Sache, da es auf den ersten Blick schon klar wird, wie sich Seneca auf alle Fälle über den unmittelbar angesprochenen Freund Lucilius hinaus in pädagogischer Veranwortung an die gesamte Menschheit wendet. Es ist ein moralisches Testament eines der ganz Großen im Reiche des Geistes, ein Dokument einer menschlichen Haltung, selbst wenn wir Ursache zur Annahme haben, daß Seneca selbst um die Ideale hart ringen mußte, die hier als Preis des rechten Lebenskampfes dargestellt werden.

An Lucilius, den Adressaten der Briefe, ist auch der unter Senecas Dialoge zählende Traktat über die Vorsehung gerichtet, der dieser Briefauswahl angefügt ist. Thematisch berührt er sich in vielem mit den Briefen, deren pädagogischen Geist er ebenfalls atmet. Lucilius, der dem Ritterstand angehörte, war ein tüchtiger Mann des praktischen Lebens, der im Orient und am Rhein als Soldat gedient hatte und zum Prokurator von Sizilien aufgestiegen war. Gleichwohl war er in hohem Maße auch der Philosophie und der Dichtkunst zugetan und stand in dieser schöngeistigen Grundhaltung von vornherein seinem um zehn Jahre älteren Freund Seneca nahe. Dieser hat somit Lucilius gegenüber die Erfahrung des reiferen Alters voraus und darf sich in seinen Briefen mit gutem Gewissen, dem Stil seiner Zeit und seiner philosophischen Welt entsprechend, auch in den Bereichen lehrend und wegweisend betätigen, wo er eine längst vorhandene konkrete Erfahrung bei seinem Adressaten voraussetzen kann. Es sind ja allgemeine Lebensfragen, die uns tagtäglich in gleichem Maße immer wieder berühren, um die es dem Autor geht. Seneca mag mit unerschöpflichen Argumenten die Macht der Menschenliebe preisen, er mag nicht müde werden, in bedeutsamer Abweichung von der traditionellen Lehre der Stoa den Dualismus von Körper und Geist zu lehren, Gott als personelles, außerhalb der Materie existierendes Wesen darzustellen und sogar die Freiheit des menschlichen Willens zu postulieren – immer behandelt er die Dinge aus dem Leben heraus, nie geht es ihm allein um die Theorie; das Wissen um die Tugend allein erachtet er für fruchtlos, wenn sich der Mensch um die Tat nicht wenigstens bemüht... Kein Wunder also, wenn wir auch nach der Lektüre dieser Texte Senecas den Eindruck haben, daß hier bereits der Einfluß des Christentums herrscht, auch wenn die äußere Hinwendung zum Christentum noch nicht vollzogen ist.

H. M. ENDRES

MORALISCHE BRIEFE

(Epistulae morales ad Lucilium)

Der Wert der Philosophie

Brief 16

Ich weiß, Lucilius, Du bist Dir darüber im klaren, daß es kein Glück, ja nicht einmal ein halbwegs angenehmes Leben gibt, ohne daß man sich der Philosophie verschreibt, und daß die vollendete Hingabe an sie glücklich macht, wo allein der Aufbruch zu ihr das Leben schon erträglich werden läßt. Doch diese klare Einsicht sollte man festigen und durch unablässiges Nachdenken vertiefen. Es will ja mehr heißen, Vorsätze lebendig zu bewahren, als sich edle Ziele zu setzen. Auszuharren gilt es und durch ständiges Bemühen die Kräfte zu steigern, bis zum geistigen Eigentum wird, was bislang noch guter Wille ist. Spare Dir also mir gegenüber lange und wortreiche Beteuerungen; ich sehe ja, Du bist auf dem besten Wege. Ich weiß, woher es kommt, was Du schreibst: nichts daran ist erheuchelt, nichts geschminkt. Schon baue ich auf Dich, doch gebricht es mir noch an der letzten Sicherheit; und ich wünschte, Du machtest es nicht anders: Du darfst Dir nicht so schnell und leichthin glauben. Erforsche Dich genau, leuchte in alle Winkel Deines Innern! Vor allem hab acht, ob Du nur in der Theorie oder auch im praktischen Leben vorwärtsgekommen bist. Die Philosophie ist keine Kunstfertigkeit, die man der Masse vorführen kann; sie besteht nicht im Reden, sondern im Handeln. Auch dient sie nicht, die Zeit zu verschönen und die Langeweile zu vertreiben; sie bildet und formt vielmehr die Seele, ordnet das Leben, lenkt unser Tun, zeigt, was wir tun oder lassen sollen, und hält das Steuerruder, wenn wir uns auf gefährlicher Fahrt befinden. Ohne sie gibt es kein Leben ohne Angst, ohne Wirrnis. Stündlich kommen tausend Dinge, die Rat erheischen, den nur sie zu geben weiß.

Da wird einer sagen: »Was habe ich von der Philosophie, wenn ein Schicksal waltet? Was nützt sie, wenn eine Gottheit alles regiert, oder wenn der Zufall gebietet? Denn was unverrückbar ist, läßt sich nicht ändern, und gegen das Unbestimmte sind alle Vorkehrungen zwecklos. Nein, entweder ist Gott meinen Entschlüssen zuvorgekommen und mein Handeln ist bereits von ihm bestimmt, oder das Schicksal hat meinem freien Willen

schon den Weg versperrt.« Was immer davon stimmt, Lucilius –
mag auch alles richtig sein —, ohne Philosophie kommen wir
nicht aus. Mag uns das Schicksal durch sein unerbittliches Gesetz
binden, mag Gott als Lenker des Universums alles vorgeordnet
haben, mag der Zufall mit uns Menschen sein unberechenbares
Spiel treiben – die Philosophie ist es, die uns dabei beschützen
muß. Sie wird uns mahnen, der Gottheit ohne Widerstreben sich
zu fügen, dem Schicksal aber sich nur im Kampfe zu beugen;
sie wird uns lehren, Gottes Spur zu folgen und zu ertragen, was
der Zufall bringt. Aber wir dürfen nicht zu der Frage abschwei-
fen, was in unserer Macht steht, wenn eine Vorsehung regiert,
oder wenn wir an der Kette der Verhängnisse dahingeschleift
werden, oder wenn plötzliche Ereignisse die Stunde beherrschen;
nein, ich komme jetzt darauf zurück, Dich dringend zu mahnen,
Du wollest im Aufschwung Deiner Seele nicht erlahmen, ihren
Brand nicht erkalten lassen. Bewahre ihn und verleihe ihm
Dauer, damit zu einer ständigen Seelenhaltung werde, was jetzt
nur im Bereich des Wollens ist.

Gleich zu Beginn, wenn ich Dich recht kenne, wirst Du Aus-
schau gehalten haben, welch kleine Zugabe der Brief wohl birgt.
Sieh ihn nur genau durch, Du wirst sie schon finden! Wundere
Dich aber nicht über meine Gebefreudigkeit – denn noch immer
spende ich aus fremdem Besitz. Wieso aus fremdem? Jedes gute
Wort, das ein anderer gesprochen, habe ich mir zu eigen gemacht –
so auch Epikurs[1]* bekannten Ausspruch: »Wenn du nach der
Natur lebst, wirst du nie arm sein; lebst du aber nach deinem
Wunschbild, so wirst du nie reich werden!« Geringes nur verlangt die Natur, Unermeßliches Dein Wunschdenken. Mögen
Dir die Schätze aller Reichen zufallen, mag Dich das Glück
über alles erheben, was ein Privatmann zu gewinnen vermag,
mag es Dich mit Gold bedecken und mit Purpur bekleiden, mag
es Dich zu einer solchen Fülle von verlockendem Wohlstand
führen, daß Du die Erde mit Deinen Marmorbauten erfüllst –
es sei Dir auch gestattet, nicht nur Kostbarkeiten zu besitzen,
sondern sie sogar »mit Füßen zu treten«, Bildwerke und Ge-
mälde und alles, was die Kunstfertigkeit für den Luxus ersonnen, Dein eigen zu nennen –, all dies wird Dich nur dazu bringen,
noch Größeres zu begehren. Natürliche Wünsche halten sich in

* Siehe Erläuterungen Seite 156.

ihren Grenzen, was aber aus einem falschen Wunschdenken kommt, ist ziellos; denn das Falsche kennt keine Grenze. Wer auf der Straße wandert, hat ein Ziel vor Augen, der Irrtum schweift im Grenzenlosen.

So kehre Dich also ab von allem Eitlen; und willst Du wissen, ob Dein Begehren natürlich ist oder blind, dann sieh zu, ob es irgendwo eine Grenze hat. Bist Du schon weit gegangen in Deinem Begehren und hast Du trotzdem immer noch mehr vor Augen, dann sei überzeugt, daß es nicht natürlich ist! Lebe wohl!

Brief 14

Ich muß zugeben, daß uns eine Liebe zu unserem Körper angeboren ist, und bestreite nicht, daß wir für ihn Sorge tragen. Ich gestehe, daß man ihn pflegen, leugne aber, daß man ihm dienen muß. Denn wer der Knecht seines Körpers ist, wer allzusehr für ihn sorgt und alles auf ihn bezieht, wird zum Sklaven vieler. Wir dürfen uns nicht so verhalten, als müßten wir des Körpers wegen leben, sondern als könnten wir ohne Körper eben nicht leben. Hängen wir allzusehr an ihm, so beunruhigen uns Ängste, belasten uns Sorgen und sind wir der Schande verfallen. Wer seinen Körper allzusehr liebt, dem ist die Ehre wohlfeil. Freilich soll man eifrig für ihn sorgen, doch so, daß man ihn dem Feuer überantworten könnte, wenn Vernunft, Würde und Pflichttreue es erheischten. Gleichwohl wollen wir nach bestem Vermögen allem Ungemach und jeder Gefahr aus dem Wege gehen und uns in Sicherheit bringen, indem wir immer wieder überlegen, wie wir die Ursachen unserer Furcht ausschalten können. Ihrer gibt es dreierlei, wenn ich nicht irre: den Mangel, die Krankheiten und das, was einem durch die Gewalt eines Mächtigeren zustoßen kann. Davon aber erschüttert uns am meisten, was uns von fremder Gewalt droht, denn es kommt mit großem Lärm und Getöse. Jene natürlichen Übel aber, von denen ich sprach, Mangel und Krankheiten, schleichen heimlich herbei und jagen weder dem Auge noch dem Ohr irgendwelchen Schrecken ein.

Doch ungeheuerlich ist das Gefolge jenes dritten Übels: Feuer und Schwert hat es bei sich und Ketten und eine Meute Bestien, um sie auf Menschenleiber zu hetzen. Denke da nur an Kerker, Marterholz, Folter, Haken und an jenen Pfahl, den man mitten durch den Leib treibt, so daß er zum Mund wieder herauskommt, oder an das Zerfetzen der Glieder durch Gespanne, die man nach zwei Richtungen auseinander jagt, an jenes leicht brennbare, mit feuergefährlichen Stoffen präparierte und durchwirkte Untergewand, kurz – an alles, was sonst noch menschliche Raserei ersonnen hat! Es ist also nicht verwunderlich, wenn man vor etwas in größte Furcht gerät, dessen Möglichkeiten zahllos und dessen Mittel entsetzlich sind. Wie nämlich der Henkersknecht noch mehr ausrichtet, wenn er eine Vielzahl von Folterwerkzeugen bereitlegt – denn schon vom Anblick wird überwältigt, wer dem Leiden widerstanden hätte –, so haben von den Dingen, die unseren Geist überwältigen, diejenigen noch eine größere Wirkung, die sich an das Auge wenden können. Jene Geißeln sind nicht minder schrecklich, ich meine Hunger, Durst, Magengeschwüre, Fieber, die einem selbst die Eingeweide ausdörren..., aber man sieht sie nicht, sie haben nichts, was sie drohend vorweisen könnten; diese aber siegen wie gewaltige Heere schon durch ihren Anblick und ihre Ausstattung.

Sei also bemüht, andere nicht zu kränken! Zuweilen ist es das Volk, vor dem wir uns zu fürchten haben, manchmal aber sind es Männer innerhalb des Volkes, die in besonderer Gunst stehen, nämlich dann, wenn nach der Verfassung das meiste in die Hände des Senats gegeben ist; bisweilen sind es auch einzelne, welche Macht über und – gegen das Volk besitzen. Sie alle aber zu Freunden zu haben, ist schwer, und es genügt, wenn man sie nicht zu Feinden hat. Der Weise wird daher nie den Zorn der Mächtigen reizen, sondern wird ihm zu entgehen suchen wie dem Sturme bei einer Seefahrt. Auf Deiner Reise nach Sizilien überquertest Du die Meerenge; der verantwortungslose Steuermann gab nichts auf den drohenden Südwind – denn dieser ist es, der das Meer um Sizilien aufwühlt und zu Strudelbildungen zwingt –, er hielt nicht auf das linke Ufer zu, sondern dorthin, wo ganz nahe die Charybdis die Meeresfluten zusammenwirbelt. Der Vorsichtigere aber befragt die Ortskundigen nach der Strömung, nach dem Zeichen der Wolken, und hält sich weit außerhalb der Gegend mit den berüchtigten Strudeln. Ebenso handelt der Weise: Er geht der gefährlichen Übermacht aus dem Wege, wobei er sich vor allem vorsieht, daß man ihm sein Verhalten nicht anmerkt. Zum Teil beruht nämlich die Sicherheit darauf, daß wir nicht offen zugeben, sie zu suchen; denn was man flieht, verdammt man ja! Wir müssen deshalb gut darauf achten, wie wir uns vor der großen Menge in Sicherheit bringen können. Vor allem sollen wir nie das gleiche begehren wie sie: denn unter Konkurrenten gibt es Streit. Sodann sollten wir nichts besitzen, was einem Dieb viel Nutzen bringen könnte, weshalb man möglichst wenig an sich tragen sollte, was die Beutegier reizt. Niemand oder nur wenige verlangen nach Menschenblut um seiner selbst willen; bei den meisten ist das Zweckdenken stärker als der Haß; einen Nackten läßt der Räuber vorbeiziehen, und der Arme geht auch auf bedrohten Wegen in Frieden dahin.

Sodann muß man nach alter Regel drei Dinge zu meiden suchen: Haß, Neid und Geringschätzung. Wie man dies fertigbringt, zeigt einzig die Weisheit. Denn das richtige Maß ist hier schwer zu finden, und es besteht die Gefahr, daß nicht der Neid, sondern die Furcht uns gering erscheinen läßt, d. h., daß der Anschein entsteht, man könne uns treten, weil wir es ablehnen, andere zu treten. Vielen hat es Furcht verursacht, daß sie in der Lage waren, Furcht zu erregen. Ziehen wir uns daher von jeder Seite zurück; es schadet nicht weniger, Geringschätzung zu ernten, als Verdacht zu erregen.

So gilt es also, bei der Philosophie seine Zuflucht zu nehmen. Diese Wissenschaft wirkt – ich sage nicht bei den Guten, doch bei den etwas Anfälligen – wie eine Priesterbinde. Denn die Kunst der öffentlichen Rede und alles, was auf das Volk sonst noch Eindruck macht, ruft Gegner auf den Plan. Die Philosophie aber, die sich nur still mit sich selbst beschäftigt, kann einem keine Mißgunst einbringen; sie genießt auch bei den Schlechtesten Ansehen wie keine andere Wissenschaft. Nie wird die Gemeinheit so erstarken, nie wird sie sich so gegen die Tugenden verschwören, daß der Name der Philosophie nicht verehrungswürdig und heilig bliebe.

Übrigens muß man die Philosophie selbst in Ruhe und Bescheidenheit pflegen. Ich höre Dich sagen: »Scheint dir etwa M. Cato[2] so bescheiden zu philosophieren, der durch seinen Ausspruch einen Bürgerkrieg unterdrückte, der sich mitten unter die rasenden Parteiführer begab, die schon mit ihren Waffen drohten, der beide Parteien gegen sich selbst aufbrachte, während die eine sich gegen Pompejus, die andere gegen Cäsar wandte?« Man kann darüber verschiedener Meinung sein, ob in solchen Zeiten ein Weiser sich mit Staatsgeschäften hätte befassen sollen ... Was willst Du denn da, M. Cato? Es geht jetzt nicht mehr um die Freiheit; sie ist längst verspielt! Es ist nur die Frage, soll dem Cäsar oder dem Pompejus der Staat gehören. Was geht Dich dieser Streit an? Mit keiner Partei hast Du etwas zu schaffen. Man wählt einen Alleinherrscher. Was kümmert's Dich, welcher siegt? Es kann der Bessere siegen, doch muß auf jeden Fall der Sieger zum Schlechteren werden ... Ich sprach von der letzten Rolle des Cato; aber auch die vorangehenden Jahre waren nicht von der Art, daß sie den Weisen zur Teilnahme an jenem vom Staat ausgehenden Raub bringen durften. Was hat denn Cato getan, als daß er laut, jedoch vergeblich seine Stimme erhob, als er bald vom Volk auf Händen getragen, bald angespuckt und vom Forum gezerrt, bald aus dem Senat in den Kerker abgeführt wurde?

Doch später werden wir sehen, ob der Weise sich um Staatsgeschäfte kümmern darf; vorerst will ich Dich auf diejenigen Stoiker verweisen, die sich, von der Staatsverwaltung ausgeschlossen, zurückgezogen haben, um, ohne einen Mächtigeren zu reizen, dem Leben zu dienen und Gesetze für das Menschengeschlecht zu finden. Der Weise wird nie an den herrschenden Sitten rütteln und nie durch die Neuartigkeit seiner Lebensweise auffallen. »Wird nun aber der, der sich darnach richtet, vollkommen sicher sein?« Dies kann ich Dir ebensowenig versprechen wie einem Mäßigen die Gesundheit – und doch verhilft Mäßigkeit zur Gesundheit. Manchmal will es sein, daß ein Schiff im Hafen untergeht; was aber, glaubst Du, daß mitten auf dem Meere geschehen kann? Wieviel näher wäre die Gefahr einem, der vieles betreibt und vieles unternimmt, wenn ihm nicht einmal das Nichtstun Sicherheit zu geben vermag? Zuweilen kommen Unschuldige unter die Räder – wer möchte es leugnen –, öfter aber doch Schuldige. Auch dem Fechter, dem seine Rüstung durchstoßen ward, kann man seine Kunstfertigkeit nicht absprechen. Endlich aber geht es für den Weisen bei allen Dingen um die Absicht, nicht um den Erfolg. Das Beginnen ist unser, über den Ausgang entscheidet das Glück, dem ich keine Stimme über mich zugestehe. »Aber es kann doch einige Qualen und einiges Ungemach bewirken...« Nur langsam! Einen Mörder ereilt sein Urteilsspruch auch nicht schon im Augenblick der Tat!

Nun streckst Du die Hand nach dem täglichen Geschenk aus. Ein goldenes will ich Dir diesmal geben, und da ich schon vom Golde sprach, so vernimm, wie Du es besser gebrauchen kannst und wie es Dir besseren Nutzen bringt: »Der hat am meisten vom Reichtum, der seiner am wenigsten bedarf.« Ich soll Dir sagen, wer diesen Ausspruch tat: Damit Du siehst, wie gut wir es meinen, nahm ich mir vor, fremdes Geistesgut zu loben; er stammt von Epikur[3] oder von Metrodor[4] oder auch von einem anderen aus jener Schule. Und was verschlägt's schon, wer so gesprochen hat, wo es doch für alle galt? Wer Reichtum braucht, muß für ihn fürchten; niemand aber hat an einem Gut Genuß, um das er besorgt sein muß; immer noch mehr will er dem Reichtum hinzufügen. Indem er aber trachtet, ihn zu vermehren, vergißt er darauf, ihn zu genießen. Er empfängt Rechnungen, läuft ständig auf dem Forum umher, durchblättert das Zinsbuch, und aus dem Herrn seines Reichtums wird er zu dessen Verwalter! Lebe wohl!

Brief 53

Wozu wird man mich nicht noch überreden können, da ich mich zu einer Seefahrt herbeiließ? Bei ruhiger See lichteten wir die Anker; aber der Himmel war offensichtlich schon schwer von dunklen Wolken, die gewöhnlich Regen oder Sturm bringen. Dennoch glaubte ich, mich die paar Meilen von Deinem Parthenope (Neapel) nach Puteoli (Pozzuoli) durchschlagen zu können, wenngleich der Himmel nichts Gutes erwarten ließ. Um daher möglichst schnell aus dieser Lage zu kommen, nahmen wir Kurs mitten durch die hohe See gerade auf Nesis zu in der Absicht, alle Buchten abzuschneiden. Als ich schon so weit war, daß es für mich einerlei war, ob ich die Fahrt fortsetzte oder umkehrte, verschwand jene Unbewegtheit der Wasserfläche, die es mir angetan hatte; es herrschte wohl noch kein Sturm, wohl aber war die See schon unruhig, und es kam zunehmender Wellengang auf. Da drang ich in den Steuermann, er möchte mich irgendwo an Land setzen; doch er sagte jedesmal, die Küste sei voller Klippen und es gebe keinen Anlegeplatz; auch fürchte er bei einem Sturm nichts so sehr wie das Land. Mir aber ward so übel, daß ich an keine Gefahr mehr dachte; denn mich quälte die Seekrankheit, wobei man stets Brechreiz empfindet, ohne erbrechen zu können, was wiederum die Tätigkeit der Galle anregt, ohne daß sie einen Ausweg findet. So ließ ich dem Steuermann keine Ruhe und brachte ihn schließlich dahin, das Ufer anzusteuern, ob er wollte oder nicht. Als wir ihm schon nahe waren, wartete ich nicht, bis etwas von den Anweisungen Vergils geschah: »Nun wenden sie das Schiff zum Meere hin«, oder: »Jetzt wird der Anker von Deck gelassen«, sondern in meiner alten Vorliebe für kalte Bäder werfe ich mich, auf meine Schwimmkünste pochend, samt meinem Flauschumhang ins Meer, wie es sich für einen Kaltwasserfreund geziemt. Was meinst Du, daß ich ausgestanden habe, als ich aus den rauhen Klippen hervorkroch und mir einen Weg suchte und mühsam bahnte? Da verstand ich, daß die Seeleute allen Grund haben, das Land zu fürchten. Man sollte es nicht glauben, was ich da ertrug, da ich mich doch selbst nicht schleppen konnte. Das eine wisse: Dem

Odysseus ward nicht vom Schicksal auferlegt, im wütenden Meere allenthalben Schiffbruch zu erleiden, nein, er war nur einer, der leicht seekrank wurde!

Auch ich käme erst in zwanzig Jahren zu Schiff überall dahin, wohin ich sollte.

Sobald sich mein Magen, den bekanntlich die Seekrankheit beim Verlassen des Meeres nicht zugleich verläßt, wieder von der Kolik erholt und sobald ich meinen Körper durch Einölen wieder zum Leben gebracht hatte, fing ich an, darüber nachzudenken, wie leicht es dazu kommt, daß wir unsere Mängel vergessen, die körperlichen sogar, die sich zwar bisweilen wieder melden, besonders aber diejenigen, die um so mehr verborgen bleiben, je größer sie sind. Eine leichte gesundheitliche Erschütterung täuscht uns noch; eine schwerere oder gar ein regelrechter Fieberanfall nötigt auch den Abgehärteten, der etwas aushalten kann, zu einem Geständnis. Die Füße schmerzen, die Glieder reißen – und immer noch verstellen wir uns und sagen, wir hätten uns nur den Knöchel verrenkt oder bei irgendeiner Tätigkeit überanstrengt. Solange man sich bei einer Krankheit noch nicht auskennt, in ihrem Anfangsstadium, sucht man noch einen Namen dafür; hat sie aber das Fußgelenk versteifen lassen und beide Füße aus ihrer natürlichen Form gebracht, dann kommt man nicht darum herum, von der Gicht zu sprechen.

Das Gegenteil ist bei den seelischen Erkrankungen der Fall: Je übler man dran ist, desto weniger spürt man davon. Kein Wunder, mein lieber Lucilius, denn wer einen leichten Schlaf hat und gleich nach dem Einschlafen träumt, gewinnt bisweilen im Schlaf eine Vorstellung davon, daß er schläft; ein tiefer Schlaf löscht aber die Traumbilder aus und läßt die Seele zu tief versinken, als daß sie noch irgendwelcher Erfahrung fähig wäre.

Weshalb gesteht niemand seine Fehler? Weil er noch immer in ihrem Banne steht: Seine Träume erzählt nur der Wache, und so ist es ein Zeichen von Genesung, wenn man seine Fehler bekennt. So wollen wir denn erwachen, um unsere Fehler aufzudecken! Aber nur die Philosophie wird uns erwecken, nur sie wird uns den tiefen Schlaf verscheuchen. Ihr gib Dich gänzlich hin! Du bist ihrer, sie ist Deiner wert. Haltet euch gegenseitig umschlungen! Allem anderen verweigere Dich hartnäckig und entschieden! Du kannst nicht auf Ruf und Widerruf philosophieren. Wärest Du krank, so hättest Du jegliche Sorge um häusliche und amtliche Dinge aufgeben müssen – und niemand stünde Dir so nahe, daß Du beim ersten Nachlassen der Krankheit für ihn auf das Forum gingst. Mit allen Sinnen wärest Du darauf bedacht, baldmöglichst wieder gesund zu werden. Wie steht's? Willst Du nicht auch jetzt so handeln? Entferne alles Hemmende und widme Dich ganz der sittlichen Hebung Deines inneren Menschen! Kein Vielbeschäftigter ist dazu imstande. Die Philosophie waltet ihres Herrscheramtes; sie gibt die Zeit, sie empfängt sie nicht. Sie ist keine Nebensache, sondern Hauptsache, Herrscherin, die zugegen ist und gebietet. Alexander antwortete den Bürgern einer Stadt, die ihm einen Teil ihres Territoriums und die Hälfte ihres Besitzes anboten: »Ich bin nicht in der Absicht nach Asien gekommen, um zu empfangen, was ihr mir gebt, sondern auf daß ihr besitzen sollt, was ich euch lasse!« Genauso spricht die Philosophie zu allen: »Ich bin nicht gekommen, mit der Zeit vorliebzunehmen, die euch übrig ist, sondern ihr sollt so viel Zeit haben, wie ich euch zubillige.«

Darauf richte all Dein Sinnen: Halte es mit der Philosophie, verehre sie; dann wird der Abstand zwischen Dir und den anderen gewaltig. Weit wirst Du allen anderen Sterblichen voraus sein, die Götter aber Dir nur wenig. Du willst es wissen, was noch zwischen Dir und ihnen liegt? Nun, sie werden länger bestehen. Aber wahrhaftig, es zeugt von großer Kunst, das Ganze in kleinem Raume einzufassen. Für den Weisen bietet seine Lebensspanne ebensoviel wie für Gott die Ewigkeit. Und es gibt etwas, worin der Weise sogar Gott übertrifft: Gott fürchtet nichts kraft seiner Natur, der Weise aber dank seiner eigenen Haltung!

Schau, wie gewaltig ist es, schwach zu sein wie eben ein Mensch, sich aber sicher zu fühlen wie ein Gott! Unglaublich ist die Kraft der Philosophie, um jede zufällige Macht zu entkräften. Kein Geschoß bleibt an ihrem Körper haften, sie ist gewappnet und steht fest. Einige Geschosse bringt sie um ihre Wirkung und treibt mit ihnen ihr Spiel wie mit federleichten Pfeilen, die an ihrem lockeren Gewandbausch nichts ausrichten, andere stößt sie kraftvoll von sich und schleudert sie auf den, von dem sie gekommen. Lebe wohl!

Die Bedeutung
der Philosophie für die menschliche Kultur

Brief 90

Wer vermöchte zu zweifeln, Lucilius, daß es eine Gabe der unsterblichen Götter ist, daß wir leben, eine Gabe der Philosophie aber, daß wir gut leben? Hätten die Götter nicht die Philosophie selbst erst uns verliehen, dann müßte man es für gewiß ansehen, daß wir den Göttern um so viel höheren Dank schulden, als ein gutes Leben gegenüber dem Leben überhaupt ein größeres Geschenk bedeutet. Das Wissen um die Philosophie gaben die Götter freilich keinem, die Fähigkeit zu philosophieren jedoch allen Menschen. Denn hätten sie auch dieses Gut zu einem Allgemeingut gemacht und würden wir schon als Weise geboren, so hätte die Weisheit ihre beste Eigenschaft verloren, nämlich daß sie nicht dem Zufälligen angehört. Nun ist aber gerade dies das Kostbare und Erhabene an ihr, daß sie uns nicht zufällt, daß ein jeder sich selbst darum bemühen muß, daß man sie nicht von einem anderen erbitten kann.

Was hätte man an der Philosophie schon zu bewundern, wenn sie Gegenstand einer wohltätigen Spende wäre? Ihre einzige Aufgabe ist es, in göttlichen und menschlichen Dingen die Wahrheit aufzuspüren; nie läßt sie sich trennen von der Frömmigkeit, der Gerechtigkeit, der Dankbarkeit und von dem ganzen sie umgebenden Kranz der anderen unter sich verknüpften Tugenden. Sie lehrt die Götter ehren, die Menschen lieben und weist nach, daß die Götter im Besitz der Herrschaft sind, daß aber unter den Menschen eine Schicksalsgemeinschaft besteht, die eine Zeitlang unverletzt blieb, ehe die Habsucht den Bund sprengte und selbst denen, die sie am reichsten machte, die Armut brachte. Man hörte ja auf, alles zu besitzen, als man nach eigenem Besitz strebte.

Aber die ersten Menschen und ihre unmittelbaren Nachkommen folgten unverdorben der Natur, sahen in ihr Richtschnur und Gesetz und überließen sie so der Einsicht des besseren Wesens. Denn die Natur verfährt immer so, daß sie das Geringere dem Besseren unterordnet. Die Herden der vernunftlosen Tiere lassen sich von dem größten und wildesten ihrer Art anführen. Den Rindern z. B. geht nicht ein verkümmerter Stier voran, sondern einer, der an Größe und Muskelkraft allen anderen Stieren überlegen ist; eine Elefantenherde führt der gewaltigste Elefant an, und unter den Menschen gilt das Beste als das Größte. So wird als gefühlsmäßig das führende Element bestimmt, und daher waren jeweils diejenigen Völker am glücklichsten, bei denen nur der Bessere die Möglichkeit hatte, der Mächtigere zu sein. Denn nur der vermag mit Sicherheit alles, was er will, der nur durchzusetzen strebt, was sittlich erlaubt ist.

Aus diesem Grund meint Posidonius[5], daß in jenem goldenen Zeitalter die Regierung in den Händen der Weisen war. Diese hielten ihre Hände in ihrer Gewalt und schützten die Schwächeren vor den Stärkeren, sie gaben Ratschläge und Warnungen und wiesen auf das Nützliche und auch auf das Unnütze. Ihre Klugheit sorgte dafür, daß es den Ihrigen an nichts gebrach, und ihr Mut wehrte Gefahren ab, während ihr wohltätiger Sinn die Untertanen bereicherte und ihr Leben verschönte. Das Befehlen war eine ihnen auferlegte Pflicht, es begründete nicht ihre Herrscherstellung. Keiner machte den Versuch, seine Macht gegen den anzuwenden, von dem sie ihm zugewachsen war, und keiner verspürte Lust oder empfand einen Anlaß zu Ungerechtigkeiten, da man dem guten Regenten auch gut gehorchte und da der König den schlecht Gehorchenden mit nichts Schlimmerem als mit seinem Rücktritt von der Regierung drohen konnte. Als sich aber das Laster einschlich und das Königtum sich damit zur Zwingherrschaft wandelte, wurden immer mehr die Gesetze notwendig, die zunächst ebenfalls von den Weisen gegeben wurden. Solon[6], der Athen das Fundament der Rechtsgleichheit verlieh, zählte zu den berühmten sieben Weisen. Hätte Lykurg[7] um die gleiche Zeit gelebt, so hätte er sich als achter zu der heiligen Siebenzahl gesellt. Auch die Gesetze des Zaleukos[8] und Charondas[9] sind berühmt. Beide haben nicht auf dem Forum, auch nicht in den Sälen der Rechtsgelehrten, sondern in der Abgeschiedenheit jenes schweigsamen und ehrwürdigen Kreises um Pythagoras jene Rechtsgrundsätze erarbeitet, die sie dem damals so blühenden Sizilien und den Griechen in Italien vermittelten. Soweit kann ich dem Posidonius folgen.

Daß aber die Philosophie auch die für den Alltag nötigen Fertigkeiten erfunden habe, kann ich nicht zugeben; auch möchte ich ihr nicht den »Ruhm« zuerkennen, eine Art Fabrik zu sein.

Posidonius sagt: »Sie lehrte die zerstreut lebenden und unter einem vorspringenden Felsen oder in ausgehöhlten Baumstämmen sich bergenden Menschen Häuser errichten.« Ich jedoch bin der Ansicht, daß die Philosophie ebensowenig jene Technik ersonnen hat, mit der man Häuser auf Häuser und Städte auf Städte türmt, wie jene künstlichen Fischteiche, die den Gaumen vom Wetter unabhängig machen und den Luxus auch beim größten Meeressturm ein abgeschlossenes Wasser zur Mast ganzer Scharen Fische bieten sollen. Was meinst Du? Lehrte die Philosophie den Menschen Schlüssel und Riegel zu gebrauchen – was wäre dies anderes als ihnen das Fanal für die Habsucht zu geben? Die Philosophie hätte diese Häuser errichtet, diese überhängenden, die den Bewohnern so große Gefahr verursachen? Genügte es doch, sich mit dem zu schützen, was der Zufall bot, und sich irgendeine kunstlose und von der Natur geschaffene Heimstätte ohne Aufwand von Mühe zu verschaffen. Glaube mir, jenes »glückliche Zeitalter« war damals, als es noch keine Architekten gab! All dies entstand erst mit der Üppigkeit: Das Bauholz quadratisch zu behauen und mit sicherer Hand den Balken zu beschneiden, wobei die Säge die vorgezeichnete Linie entlangläuft. »Denn einst zerteilte man mit Keilen das spaltbare Holz« – es galt ja noch nicht, Speisesäle einzurichten, geräumig genug, um ein ganzes Volk zu Gaste zu laden; auch führte man dazu nicht Fichten und Tannen in einer langen Wagenreihe herbei, so daß die Straßen dröhnten, um daran die goldschweren getäfelten Decken aufzuhängen. Ein paar Gabeln, die man zu beiden Seiten aufrichtete, stützten die Hütte. An dichtem Geäst und Laubwerk, das man nach unten übereinanderlegte, konnte der Regen, wie heftig er auch tobte, seinen Abfluß finden. Unter solchen Dächern hauste man – aber ohne Sorgen. Ein Schilfdach deckte die Freien, unter Marmor und Gold wohnten die Sklaven.

Auch darin halte ich es nicht mit Posidonius, daß er der Ansicht ist, die Eisengeräte seien von Philosophen erfunden. In gleicher Weise könnte man nämlich auch diejenigen als Philosophen bezeichnen, von denen es heißt: »Damals lernte der Mensch, das Wild mit der Schlinge zu fangen, mit der Leimrute die Vögel zu täuschen und mit den Hunden die weiten Wälder zu umstellen.«[10]

Dies alles hat der Scharfsinn der Menschen erfunden, nicht ihre Weisheit. Auch bestreite ich, daß die Weisen es waren, die Eisen- und Erzadern fanden, nachdem die durch Waldbrände versengte Erde die Metalladern an ihrer Oberfläche hatte schmelzen lassen. Solche Dinge findet nur, wer sich besonders damit abgibt. Nicht einmal jene Frage, ob Hammer oder Zange eher in Gebrauch war, schien mir so entscheidend wie dem Posidonius. Beides erfand ein reger und scharfsinniger, jedoch keineswegs großer und erhabener Geist, und genauso auch alles andere, was man mit gekrümmtem Körper und einem dem Boden verhafteten Sinn suchen kann.

Der Weise war in seinen Lebensbedürfnissen leicht zu befriedigen. Warum auch nicht, wenn er schon in unserer Zeit ein möglichst leichtes Gepäck sich wünscht? Ich bitte Dich, reimt es sich zusammen, den Diogenes[11] gleich wie den Dädalus[12] zu bewundern? Welchen hältst Du für den Weisen? Den Erfinder der Säge oder den, der einst, als er einen Knaben aus der hohlen Hand trinken sah, sogleich seinen Becher aus dem Beutel nahm, ihn zerbrach und sich also dabei schalt: »Wie lange habe ich Tor doch nutzloses Zeug herumgetragen?« – den Mann also, der sich in einem Faß einrollte und darin seine Lagerstätte hatte? Welchen hält man heutigentags für den Weiseren? Den, der dahinterkam, wie man aus verborgenen Röhren safranduftendes Wasser in unermeßliche Höhe steigen läßt, der Kanäle mit einem plötzlichen Wasserstoß füllt und wieder entleert, der das bewegliche Deckengetäfel des Speisesaales so fügt, daß stets ein neues Bild dem anderen folgt und daß die Decke mit den Speisengängen wechselt? Oder den, der sich selbst wie auch den anderen beweist, wie die Natur uns keineswegs Hartes und Schweres zugemutet hat, daß wir auch ohne Marmorkünstler und Techniker wohnen, uns auch ohne jeden Handel mit fernöstlichen Völkern kleiden und alles für unseren Lebensbedarf haben können, falls wir mit dem zufrieden sind, was uns die Erde an ihrer Oberfläche bietet? Wollten die Menschen auf diesen Mann hören, dann wüßten sie, daß Köche so überflüssig sind wie Soldaten. Diejenigen waren Weise oder doch Weisen ähnlich, die mit der Körperpflege noch keine Beschwer hatten.

Das Notwendige ist mühelos zu haben, nur Genüsse verlangen den Aufwand von Mühe. Du brauchst keine Künstler, wenn Du der Natur folgst; in derlei Dinge wollte sie uns nicht verstricken; wozu sie uns anhält, dazu gab sie uns die Voraussetzungen. Du wendest ein, Kälte sei für den nackten Körper nicht zu ertragen. Doch können uns nicht die Felle wilder Tiere und anderer Lebewesen genugsam vor Kälte bewahren? Gibt es nicht

sogar viele Völker, die sich nur mit dem Bast der Bäume bekleiden? Kann man nicht Vogelfedern aufreihen, um sich damit zu
bedecken? Und hängen sich nicht auch heute noch viele Skythen
Fuchs- und Marderpelze um, die sich gar weich anfühlen und
keinen Wind durchlassen?

Nun wendest Du ein: »Die Sonnenglut im Sommer muß man
aber durch reichlichen Schatten bekämpfen.« Doch gab es nicht
schon in ältester Zeit zahlreiche Plätze im Verborgenen, die von
Höhlen gebildet waren, die der Zahn der Zeit in Felsen gefres-
sen oder irgendein Zufall hatte entstehen lassen? Hat man nicht
einst Ruten aller Art mit der Hand zusammengeflochten und das
Flechtwerk mit einfachem Lehm bestrichen, sodann das Dach
mit Stoppeln und anderen Dingen, die der Wald bietet, gedeckt
und darin ohne Sorgen den Winter überstanden, während der
Regen an den gekrümmten Seiten ablief? Oder verbergen sich
nicht die Völker der Syrten[13] in Erdvertiefungen, weil zur Ab-
wehr der Sonnenglut keine Decke stark genug ist – außer dem
glühenden Boden selbst? Die Natur war nicht so feindlich ge-
sinnt, daß sie zwar allen anderen Lebewesen das Leben erleich-
terte, dem Menschen aber allein es unmöglich machte, ohne eine
Menge von Kunstfertigkeiten auszukommen. Nichts dergleichen
hat sie uns anbefohlen, nichts davon braucht man sich mühsam
anzueignen, um sein Leben zu fristen. Wir sind in ein Leben
gestellt, in dem uns alles bereitet ist; wir selbst haben uns aus
Ekel am Leichten alles schwer gemacht. Haus, Obdach, Kleidung, Nahrung und alles, was jetzt nur unter großen Kosten
geschaffen wird, war zur Hand und war umsonst und mit leichter Mühe verfügbar; denn all diese Dinge wurden in ihrem Wert
nur nach der Notwendigkeit bemessen. Wir aber haben daraus
teuere und bedeutsame Gegenstände gemacht, die man nur durch
große und zahlreiche Kunstgriffe gewinnen kann.

Die Natur bietet genug, um ihre Forderungen erfüllen zu
können. Die Üppigkeit aber ist von der Natur abgefallen und
reizt sich tagtäglich selbst, wächst mit der Zeit immer mehr und
fördert die Laster durch ihren Erfindungsgeist. Anfänglich begehrte sie nur Überflüssiges, dann aber Naturwidriges; schließlich überantwortete sie dem Körper den Geist und gebot ihm,
dem Körper zu Willen zu sein. Alle jene Künste, die in der Stadt
herumwandern oder sie mit Lärm erfüllen, dienen der Sache des
Körpers, und was man ihm einst als einem Sklaven zugestand,
wird ihm jetzt als dem Herrn bereitet. Daher die Werkstätten

für Weber, für Metallarbeiter und Salbenköche und die Schulen für die Pantomimen und für weichlichen, entnervenden Singsang. Verloren ist eben jenes rechte Maß der Natur, das jegliches Begehren auf das wirkliche Bedürfnis begrenzte; heute gilt es als gemein und ärmlich, sich darauf zu beschränken.

Es ist nicht zu glauben, Lucilius, wie leicht die Freude, sich sprechen zu hören, selbst bedeutende Männer von der Weisheit abirren läßt. Posidonius[14] – nach meiner Ansicht einer der verdientesten Förderer der Philosophie – versucht da zuerst zu beschreiben, »wie beim Weben einige Fäden zusammengedreht, andre weich und lose in die Länge gezogen werden, wie ferner der Webebaum durch Gewichte, die man unten anhängt, den Aufzug geradezieht und wie der Einschlag, um die Härte des beiderseits wirksamen Aufschlags zu mindern, durch das Weberblatt sich zu schließen und sich zu verbinden genötigt wird«. Und auf Grund dieser Beschreibung stellt er die These auf, auch die Webekunst sei von Philosophen erfunden worden, vergißt aber, daß diese feinere Form des Webens eine spätere Erfindung ist, bei welcher »der Zettel fest an den Baum gehängt ist, während der Rohrkamm den Aufzug scheidet. Mitten hindurch aber schießt man den Einschlag vermittels des schlanken Schiffchens; ihn aber pressen fest die durchbrochenen Zähne des Kammes«.[15]

Wie, wenn er auch noch die Gewebe unserer Zeit hätte sehen dürfen, aus denen Kleidungsstücke verfertigt werden, die nichts mehr verhüllen sollen, die nicht einmal mehr im Dienst des Körpers, geschweige denn der Schamhaftigkeit stehen?

Dann geht er zur Landwirtschaft über und beschreibt nicht minder wortreich, wie der Pflug den Boden aufreißt, einmal und dann nochmals, damit sich die gelockerte Erde um so eher den Wurzeln erschließe; wie dann der Same ausgeworfen und das Unkraut mit den Händen ausgerissen wird, damit kein Wildwuchs entstehe, der die Saat absterben läßt. Auch darin sieht er ein Werk der Philosophen, als ob nicht heute noch die Bauern immer wieder Neues erfänden, um die Ertragfähigkeit ihrer Felder zu steigern.

Damit gibt er sich aber noch nicht zufrieden, sondern er erniedrigt die Philosophen sogar noch zu Mühlknechten. Er erzählt nämlich, wie einer Brot zu bereiten begonnen habe, indem er die Natur nachahmte: »Die in den Mund genommenen Getreidekörner« – so legte er es dar – »werden zwischen den harten Kiefern zermalmt, und was diesem Vorgang entgeht, wird durch die Zunge wieder in diese Mühle der Zähne gebracht; dann aber mischt es sich mit Speichel, damit es leichter durch die schlüpfrige Kehle gleite. Im Magen wird es dann durch den warmen Magensaft verdaut, um so in den Körper überzugehen. Entsprechend diesem Beispiel legte er einen rauhen Stein auf einen anderen ähnlich der Anordnung der Kiefer, von denen der eine unbeweglich ist und nur wartet, bis sich der andere in Gang setzt. Sodann reiben sich beide aneinander und zermalmen dabei die Körner, die immer wieder zwischen die Steine gebracht werden, bis sie ganz fein gemahlen sind. Darauf befeuchtete er das Mehl mit Wasser, knetete es lange und fest durch, formte Brot daraus und buk es anfänglich mit Hilfe heißer Asche und eines erhitzten Ziegelsteines. Allmählich wurden dann Backöfen erfunden und andere Einrichtungen zur beliebigen Regulierung der Hitze.« Wenig fehlte noch, dann hätte er auch das Schustern zu einer Erfindung der Philosophen erklärt.

Natürlich hat all dies die Vernunft ausgedacht, aber doch nicht etwa das philosophische Denken. Es handelt sich dabei um Erfindungen von Menschen, aber nicht von Weisen – sowenig sich dies – bei Gott – von einem Schiff behaupten läßt, mit dem man Meere und Ströme befährt, indem man Segel daran befestigt, um die Wucht des Windes aufzufangen, und indem man hinten ein Steuerruder anbringt, um seinen Lauf zu bestimmen. Hier handelt es sich um eine Nachahmung der Fische, die mit dem Schwanz steuern, und ihre Geschwindigkeit durch einen leichten seitlichen Druck desselben regulieren.

Nun sagt Posidonius, alle diese Dinge habe ein philosophischer Geist zwar erfunden, habe sie jedoch als zu gering für seine eigene Tätigkeit angesehen und deshalb an geringere Geister überlassen. Doch so ist es nicht; sie sind von denselben Leuten erdacht worden, die sich auch heute noch damit befassen. Vom einen oder anderen wissen wir, daß es erst in unserer Zeit aufkam, wie etwa der Gebrauch der Fenster, welche mittels durchsichtiger Scheiben das helle Tageslicht einlassen, oder die hohlen Fußböden der Bäder und die in die Wände eingelassenen Röhren, die die Hitze überallhin dringen lassen, so daß oben und unten die gleiche Wärme herrscht. Wozu soll ich noch vom Marmor reden, der an Tempeln und Häusern glänzt, von den rundgeschliffenen Gesteinsmassen der Säulen, welche Hallen und Versammlungsräume für eine ganze Stadtbevölkerung stützen? Wozu spreche ich von der Zeichenschrift, die eine noch so rasche

Rede festhält und die Hand der Geschwindigkeit der Zunge nachkommen läßt? Die niedrigsten Sklaven haben all dies erfunden[16]; die Philosophie aber thront höher und lehrt keine Handfertigkeiten; sie ist die Lehrerin des Geistes!

Nun willst Du aber wissen, was denn die Philosophie gefunden, was sie zustande gebracht habe: Durchaus keine unziemlichen Körperbewegungen, auch nicht vielfältige Trompeten- und Flötenklänge, die durch das Einziehen oder Ausströmen der Luft entstehen; nicht Waffen noch Mauern, noch Kriegsgerät. Nein, dem Frieden gilt all ihr Trachten, und sie ruft das Menschengeschlecht zur Einigkeit auf. Keine Handwerkerin ist sie, nochmals sei's gesagt, die Geräte für den praktischen Gebrauch fertigt. Warum denkst Du so niedrig von ihr? Du hast in ihr doch die Meisterin des Lebens vor Dir! Sie hat die anderen Künste alle unter ihrer Herrschaft; denn, wem das Leben selbst untertan ist, dem dient auch alles, was dem Leben dient. Im übrigen ist das echte Glück ihr Ziel; dorthin führt sie und bahnt sie uns den Weg. Sie zeigt, was wirkliche Übel sind, was nur scheinbare; sie tilgt die Eitelkeit aus dem Herzen und verleiht echte Größe, während sie die aufgeblähte, auf falschem Schein beruhende niederhält, uns den Unterschied zwischen Größe und Aufgeblasenheit zum Bewußtsein bringt und uns die ganze Natur und sie selbst begreifen läßt. Sie klärt uns auf über Wesen und Natur der Götter, der Bewohner der Unterwelt, der Laren[17] und Genien[18], dann jener in eine zweite Ordnung göttlicher Wesen entrückten Geister, wo sie verweilen, was sie tun, was sie vermögen, was sie wollen. Darin besteht die Weihe der Philosophie, daß sie uns nicht den Tempel einer örtlichen Gottheit nur, sondern den unermeßlichen Tempel aller Götter, die Welt selbst erschließt und deren echte Götterbilder und ihre wahren Gestalten unseren Geist schauen läßt; denn das leibliche Auge ist für so ein gewaltiges Schauspiel unzureichend.

Sodann geht sie auf den Anfang der Dinge zurück, auf die ewige, dem Ganzen innewohnende Vernunft und auf die Urkraft, die jedem Keim eine besondere Gestalt verleiht. Schließlich beginnt sie nach Ursprung, Sitz und Lebensdauer der Seele zu forschen und fragt, in wie viele Teile sie zerfällt. Der weitere Weg führt sie vom Körperlichen zum Unkörperlichen, sie fühlt der Wahrheit und ihren Beweisen auf den Zahn und sucht nach einer Methode, dem Fragwürdigen im Handeln und Denken auf die Spur zu kommen; denn beides ist mit Wahrem und Falschem durchsetzt. Nicht zurückgezogen hat sich der Weise von jenen Kunstfertigkeiten, wie Posidonius meint, nein, er hat mit ihnen, so behaupte ich, überhaupt nie etwas zu tun gehabt. Denn er hätte nicht einer Erfindung für wert erachtet, was er nicht des ständigen Gebrauchs für würdig hielt; er befaßte sich mit nichts, was er wieder aufgeben mußte.

»Anacharsis«, so meint Posidonius, »erfand die Töpferscheibe, die man dreht, um Gefäße anzufertigen.« Da sich nun aber schon bei Homer die Töpferscheibe findet, will man lieber dessen Verse anzweifeln als jene Sage. Ich aber behaupte, daß Anacharsis nicht der Erfinder ist, und wenn er es war, so hat allerdings ein Weiser diese Erfindung gemacht, aber nicht in seiner Eigenschaft als Weiser, wie eben die Weisen vieles tun, als Menschen schlechthin, nicht als Weise. – Stelle Dir vor, ein Weiser sei ein Schnellläufer; nun, da wird er eben alle überholen – kraft seiner Schnelligkeit, nicht aber kraft seiner Weisheit. Ich wünschte, dem Posidonius einen Glasarbeiter vorführen zu können, der mit seinem Atem das Glas in so zahlreiche Formen zu bringen vermag, wie es kaum eine kunstreiche Hand fertigbrächte. Diese Technik wurde aber zu einer Zeit erfunden, als kein Weiser mehr zu finden war!

»Demokrit«[19], so behauptet er weiter, »soll den Gewölbebau erfunden haben, wobei ein Bogen von Steinen, die sich allmählich gegeneinander neigen, in der Mitte durch einen Schlußstein festgehalten wird.« Auch dies ist falsch, so behaupte ich. Denn schon vor Demokrit muß es Brücken und Tore gegeben haben, deren Joch in der Regel gewölbt ist. Da habt ihr aber noch vergessen, daß der gleiche Demokrit die Kunst erfunden habe, wie man Elfenbein biegsam macht und wie man einen Kieselstein durch Schmelzen in einen Smaragd verwandelt, eine Methode, mit der man heute noch geeignete Steine bunt färbt. Dies alles mag der Philosoph erfunden haben, aber doch nicht, weil er Philosoph war! Denn ein Philosoph tut vieles, was, wie wir sehen können, die größten Dummköpfe genauso tun, oder gar noch geschickter und mit größerer Fertigkeit.

Nun fragst Du wieder, was denn die Philosophie dann erforscht, was sie ans Licht gezogen habe. Zuallererst die Wahrheit und die Natur, die sie nicht wie die anderen Lebewesen mit Augen verfolgt hat, die für das Göttliche blind sind. Sodann fand sie das Gesetz des Lebens, das sie auf alles bezog, und lehrte die Götter nicht nur kennen, sondern ihnen zu folgen und

Schicksalsfügungen nicht anders hinzunehmen denn als Weisungen der Götter. Sie verbot es, falschen Meinungen anzuhangen, und erwog den Wert der Dinge in richtiger Bewertung; alles Vergnügen verwarf sie, dem die Reue folgt, und nur die ewig gültigen Werte fanden ihr Lob. Sie verkündete, daß der der Glücklichste sei, der das Glück nicht braucht, der Mächtigste aber, der sich selbst bezwingt.

Nicht von jener Philosophie ist aber hier die Rede, die den Bürger nicht mehr ans Vaterland bindet und die Götter nicht mehr an die Welt, und die die Tugend an die Lust verschenkt, sondern von der, die einzig das Sittlichgute für ein Gut hält, die sich weder durch Geschenke aus Menschenhand noch durch solche aus dem Füllhorn des Glücks zunichte machen läßt und deren besonderer Wert darin besteht, daß er sich nicht ausdrükken läßt. Ich bin nicht der Meinung, daß es schon in jener rohen Zeit diese Philosophie gab, in der es noch an Zivilisation fehlte und wo man das Nützliche allein durch die Praxis lernte. Sie folgte erst auf jene glücklichen Zeiten, da die Gaben der Natur jedem uneingeschränkt zur Verfügung standen – bevor Habsucht und Üppigkeit die Sterblichen entzweiten und sie die Gemeinschaft verließen, um auf Raub zu gehen. Damals gab es keine Philosophen, auch wenn die Menschen taten, was Weisen zukommt. Und doch wird niemand einen anderen Zustand des Menschengeschlechtes höher ansehen, und keiner, dem Gott die Macht gäbe, die Dinge auf der Welt zu gestalten und den Völkern die Sitte zu bringen, würde andere Verhältnisse billigen, als sie bei jenen bestanden haben sollen, wo »... kein Bauer die Flur sich dienstbar machte und wo es ein Verbrechen war, das Feld durch Grenzmarken zu zerschneiden; denn alles gehörte allen, und die Erde spendete alles von selbst, da keiner etwas begehrte.«[20]

Welches Geschlecht der Menschen war glücklicher als jenes? Gemeinsam lebten sie von dem, was die Natur bot; wie eine Mutter gab sie allen hinreichenden Schutz, und sie gab Sicherheit im Besitz des allgemeinen Reichtums. Wie sollte ich nicht jenes Geschlecht das reichste nennen, in dem sich noch kein Armer fand?

In diese aufs beste bestellte Welt brach schließlich die Habsucht ein, und indem sie etwas wegzunehmen und sich anzueignen suchte, machte sie alles fremd, und aus der unermeßlichen Fülle geriet sie in eine beklemmende Enge. Die Habsucht gebar die Armut, und in ihrer Gier nach vielem verlor sie alles.

Mag sie deshalb nur das Verlorene wiederzugewinnen suchen, mag sie Felder an Felder fügen und den Nachbarn mit Geld oder Gewalt um sein Gut bringen, mag sie ihre Ländereien zur Größe von Provinzen ausdehnen und nur diejenigen als erwähnenswerten Besitz ansehen, die man auf einer weiten Reise durchwandern muß – keine Erweiterung unseres Grund und Bodens führt uns dorthin zurück, von wo wir ausgegangen sind. Haben wir erst alles getan, so werden wir vieles besitzen, aber die Zeit, in der wir alles besaßen, ist vorbei.

Die Erde selbst spendete noch mehr Früchte, als sie noch nicht bearbeitet wurde, und sie war freigebig für den Bedarf der Völker, die sie nicht ausräuberten. Jegliches Geschenk der Natur freute man sich ebensosehr gefunden wie dem Nächsten mitgeteilt zu haben, und keiner konnte zuviel, keiner zuwenig davon bekommen, da man in Eintracht teilte. Noch war der Stärkere dem Schwächeren nicht zu nahegetreten, noch hatte der Geizige einem anderen nicht das Lebensnotwendige genommen, indem er verbarg, was ihm unnütz war. In gleicher Weise sorgte man für den Nächsten wie für sich. Waffen gab es keine, nur die Hände, unbefleckt von Menschenblut, waren einzig gegen wilde Tiere schlimmer Regung fähig. Wen ein dichter Wald vor der Sonne barg, wer gegen die Unbill des Winters und der Regenzeit durch eine kümmerliche Behausung geschützt, sein Leben im Grünen zubrachte, dessen Nächte waren ruhig und kannten keinen Seufzer. Uns aber wälzt die Angst auf unseren kostbaren Betten hin und her und weckt uns mit scharfem Stachel ... doch welch gelinden Schlaf schenkte jenen der harte Erdboden! Über ihnen hing keine geschnitzte Decke, nein, sie ruhten im Freien, und die Sterne zogen darüber ihre Bahn, und nur das erhabene Schauspiel der Nächte ging vor sich, nämlich das lautlose Kreisen des Weltalls. Bei Tage wie in der Nacht stand ihnen der Anblick dieses herrlichen Wohnpalastes offen; es war ihre Lust, die Sterne zu betrachten, wie sie vom Scheitel des Himmelsgewölbes allmählich hinabsanken, während wieder andere aus dem Dunkel aufstiegen.

Sollte es nicht Freude machen, in einer so weiten Wunderwelt zu schweifen? Ihr aber erbebt bei jedem Geräusch in Euren Häusern und ergreift inmitten Eurer Gemäldegalerien wie vom Donner gerührt die Flucht. Sie hatten noch keine Häuser so groß wie ganze Städte. Frisch zog die Luft durch die offenen Räume, ein Felsen oder ein Baum spendete einigen Schatten, klar sprudelten Quellen und Bäche, nicht künstlich in Röhren gepreßt oder sonstwie in eine träge Bahn gezwungen, nein, frei dahinströmend; und die Auen prangten, ohne daß eine Menschenhand etwas dazu tat; und mittendrin stand die ländliche Hütte, von bäuerlicher Hand getüncht. Das war ein Haus, wie es der Natur entsprach, ein Haus, in dem man leben konnte, ohne daß man sich vor ihm, aber auch ohne daß man für seine Sicherheit fürchten mußte; heute sind unsere Häuser schon ein gut Teil unserer Furcht!

Doch mögen jene Menschen auch ein herrliches und von Falschheit freies Leben geführt haben – Philosophen waren sie deswegen noch nicht, da dieser Titel nur der erhabensten Tätigkeit zukommt. Gleichwohl will ich nicht leugnen, daß es Männer hohen Geistes waren und gewissermaßen frisch aus dem Schoße der Götter entstiegen; denn es besteht kein Zweifel, daß die Welt damals, als sie noch nicht vom Gebären erschöpft war, Edleres hervorbrachte. Wie aber zwar alle von Natur aus kräftiger und tüchtiger waren, besaßen sie doch nicht alle einen absolut vollendeten Geist; denn die Natur pflegt die Tugend nicht als Geschenk zu verleihen, und sittlich gut zu werden, verlangt eine pflichtbewußte Hingabe. Sie schürften damals nicht nach Gold und Silber noch nach durchsichtigen Steinen im untersten Bodensatz der Erde, und sie schonten auch noch die vernunftlose Kreatur; keine Rede, daß einer den anderen im Zorn tötete, geschweige denn aus Furcht, oder gar nur um eines Schauspiels willen. Sie kannten noch nicht gestickte Kleider, und Gold wurde für diese noch nicht ausgegeben, geschweige denn hineingewirkt.

Wie, Du meinst, aus Unkenntnis waren sie unschuldig? Es ist aber ein großer Unterschied, ob einer nicht fehlen will, oder ob er den Fehler nicht kennt. Ihnen gebrach es noch an Gerechtigkeit, Klugheit, Mäßigung und Tapferkeit, und doch hatte ihr noch ungeformtes Leben etwas, was allen diesen Tugenden ähnelte. Zur Tugend selbst aber gelangt nur, wer sich unterrichten und belehren läßt und wer sich durch beständige Übung zum Höchsten geleiten läßt. Dazu werden wir geboren, aber wir besitzen es noch nicht bei der Geburt; und selbst bei den Besten findet sich, ehe die Bildung einsetzt, nur der Stoff der Tugend, nicht die Tugend selbst. Lebe wohl!

Vom bescheidenen Leben,
von der Hoffnung und von der Furcht

Daß Du alles andere hintansetzest und Dich beharrlich einzig darum bemühst, Dich täglich vollkommener zu machen, das muß ich loben und das macht mir Freude; daß Du dessen nicht müde wirst, dazu ermahne ich Dich, ja, ich bitte Dich sogar darum. Doch möchte ich Dir ans Herz legen, in Deiner äußeren Haltung und Lebensweise nicht auffallen zu wollen wie etwa jene, denen es nicht um den inneren Fortschritt geht, sondern darum, die Augen auf sich zu lenken. Halte es nicht mit jenen, die ihr Nachtlager auf dem Erdboden aufschlagen und sonstwie in ihrer verkehrten Weise der Eitelkeit frönen. Der Name der Philosophie ist an sich schon vom Hasse verfolgt, selbst wenn man sie nur ganz zurückhaltend betreibt. Was soll da erst werden, wenn wir gar anfangen, uns vom Umgang mit den Mitmenschen auszuschließen? Mag in unserem Inneren alles ganz und gar anders sein, das Äußere stimme mit der Umwelt überein! Wir brauchen kein Silbergerät, in das Reliefbilder aus echtem Gold eingearbeitet sind, aber es gelte uns auch nicht als Beweis von Genügsamkeit, wenn jemand auf Silber und Gold ganz verzichtet!

Wir sollten unser Streben darnach richten, einer besseren Lebensart zu huldigen als die große Masse – nicht einer ganz und gar entgegengesetzten; sonst verjagen wir nämlich die, die wir bessern wollen, und entfremden sie uns. Wir bringen es auch dazu, daß sie nichts, was sie an uns finden, nachmachen wollen, da sie fürchten, uns in allem nachahmen zu müssen. Das erste, was die Philosophie verheißt, ist doch Sinn für die Gemeinschaft, Menschenfreundlichkeit und Geselligkeit; von solcher Verheißung wird uns aber ein betont andersartiges Verhalten entfernen. Sehen wir also, daß nicht lächerlich und störend wirkt, wodurch wir Bewunderung erregen wollen! Es ist doch unser Vorsatz, der Natur gemäß zu leben. Es ist aber gegen die Natur, seinen Körper zu quälen, auf eine Sauberkeit, die keinen großen Aufwand erfordert, zu verzichten . . ., und nicht nur geringe, sondern sogar unappetitliche und eklige Nahrungsmittel zu sich zu nehmen. Wie es für die Üppigkeit bezeichnend ist, besondere Delikatessen zu begehren, so für die Verrücktheit, gewöhnliche und leicht zu beschaffende Speisen zu verachten. Genügsamkeit verlangt die Philosophie, nicht Entsagung; Genügsamkeit muß aber nicht Ungepflegtheit bedeuten.

Mir will dieser Mittelweg gefallen: Unser Leben halte sich zwischen den guten Sitten und denen der Menge; alle mögen aufmerksam werden auf unser Leben, aber sie sollen es gelten lassen!

»Wie nun? Sollen wir es genauso machen wie die anderen? Soll es keinen Unterschied geben zwischen uns und ihnen?« Einen gewaltigen sogar! Wer uns genauer ansieht, soll erkennen, daß uns vieles von der Menge trennt... Groß ist, wer irdenes Tischgerät genauso gebraucht wie silbernes, aber nicht geringer, wer mit silbernem genauso umgeht wie mit irdenem! Es verrät eine traurige Seelenhaltung, mit dem Reichtum nicht fertig zu werden.

Doch, um auch den kleinen Gewinn des heutigen Tages mit Dir zu teilen: Ich fand bei dem Stoiker Hekaton[21] den Satz, zu den Mitteln gegen die Furcht gehöre es auch, die Leidenschaften abzulegen. »Du wirst aufhören zu fürchten«, so sagt er, »sobald du aufhörst zu hoffen.« Nun möchtest Du wissen, was diese grundverschiedenen Dinge miteinander zu tun haben.

Es verhält sich damit so, mein lieber Lucilius: Liegen sie auch scheinbar weit auseinander, so sind sie doch miteinander verbunden. Wie dieselbe Kette sich um den zu Bewachenden wie um den Wächter schließt, so gehören auch so verschiedene Dinge zusammen: Der Hoffnung folgt die Furcht, und ich wundere mich nicht darüber, denn beides läßt einen hangen und bangen, beides beunruhigt durch die Erwartung von Zukünftigem. Die Hauptursache von beidem aber ist, daß wir uns nicht mit der Gegenwart abfinden, sondern daß wir unsere Gedanken in weite Fernen voranschweifen lassen. Und so ist die Gabe der »Vorsicht« – ein besonderer Vorzug der menschlichen Natur – ins Schlimme verkehrt worden. Wilde Tiere fliehen die Gefahren, die sie vor sich sehen, und dann fühlen sie sich sicher; wir aber lassen uns vom Künftigen wie vom Vergangenen foltern. Viele unserer Vorzüge schaden nur; denn die Gabe der Erinnerung führt uns die Qual der Furcht zurück, und unsere Fähigkeit vorauszublicken, führt sie uns schon im vorherein zu; niemand ist nur ob seiner gegenwärtigen Lage unglücklich! Lebe wohl!

Charakterbildung durch die Philosophie

Wenn es Dir gut geht und wenn Du Dich für wert hältst, einmal
Dir selbst zu gehören, so soll es mich freuen. Denn mein Ruhm
wird es sein, wenn ich Dich aus den Wogen rette, auf denen Du
hoffnungslos treibst. Nur um dies eine aber, Lucilius, bitte ich
Dich und dazu ermahne ich Dich, daß Du die Philosophie tief
in Deinem Herzen verankerst und daß Du nicht eine Rede oder
eine Schrift zum Maßstab Deines Fortschritts nimmst, sondern
Deine innere Festigkeit und das Nachlassen Deiner Leidenschaften. Laß Deinen Worten die Tat folgen! Anders geartet ist die
Aufgabe eines Redekünstlers, dem es um den Beifall des Zu-
hörerkreises geht, oder auch dessen, der in abwechslungsreichem
Disput junge Leute unterhalten will.

Die Philosophie lehrt handeln, nicht reden; sie fordert, daß
jeder Grundsätze habe, damit sich Leben und Lehre nicht widersprechen, und daß alles Tun und Reden im Einklang stehe; letz-
teres ist sogar die Hauptaufgabe der Weisheit und ihr untrüg-
lichstes Kennzeichen – daß der Mensch sich überall gleich und
derselbe bleibe. Wer wird dies wohl fertigbringen? Nur wenige
Menschen, aber doch einige. Denn es ist nicht leicht, und ich behaupte nicht, der Weise könne immer gleichen Schritt halten;
aber er bleibt doch immer auf gleichem Weg.

Achte also einmal, ob nicht zwischen Deiner Gewandung und
Deiner Behausung ein Widerspruch besteht, ob Du etwa gegen
Dich selbst freigebig, gegen die Deinen aber zugeknöpft bist, ob
Du im Essen sparst, Dein Haus aber verschwenderisch ausstat-
test. Wähle Dir einmal für immer eine Lebensregel und nach ihr
richte Dein ganzes Leben gleichmäßig ein! Manche sind daheim
knauserig, draußen aber machen sie sich breit und werfen um
sich. Eine solche Unausgeglichenheit ist ein Fehler, der auf einen
wankelmütigen Charakter schließen läßt, der noch nicht seine
Festigkeit gefunden hat.

Nun will ich aber auch noch davon sprechen, wie es zu dieser
Labilität und diesem Zwiespalt zwischen Handeln und Denken
kommt: Niemand wird sich darüber klar, was er eigentlich will,

und tut er es, so bleibt er nicht dabei, sondern springt wieder zu etwas anderem über. Er ändert aber nicht nur seine Einstellung, sondern kehrt wieder um und verfällt wieder dem, was er einst aufgab und verfluchte. Um deshalb einmal von jenen alten Begriffsbestimmungen der Weisheit abzugehen und um das ganze menschliche Leben auf einen Nenner zu bringen, so möchte ich folgenden, wie ich glaube, befriedigenden Satz aufstellen: Was ist Weisheit? Immer das gleiche wollen und nicht wollen.

Dabei kann man auf die kleine Einschränkung ruhig verzichten, daß recht sein müsse, was man will. Denn keinem kann immer das gleiche gefallen, wenn es nicht eben das Rechte ist.

Die Menschen wissen also nur im Augenblick des Wollens, was sie wollen, und keiner hat sich schon fürs ganze Leben hinsichtlich seines Wollens und Nichtwollens entschieden. Täglich wechselt die Einstellung und schlägt ins Gegenteil um, und für die meisten verläuft das Leben wie im Spiel. Drum halte Dich fest an das, womit Du begonnen hast, und Du wirst vielleicht zum höchsten Ziel gelangen, oder Du wirst doch einen Zustand erreichen, von dem Du allein weißt, daß er noch nicht die letzte Vollendung bedeutet.

Nun begehrst Du zu wissen, was aus Deinem großen Anhang werden soll – ohne Geld und Gut! Gemach! Wenn dieser Anhang nicht mehr von Dir versorgt wird, dann wird er sich selbst versorgen, das will heißen, Du wirst durch die Gnade der Armut erfahren, was Du durch Dein Wohltun nicht erfahren konntest; denn die Armut wird die wahren und zuverlässigen Freunde nicht von Deiner Seite weichen lassen; aber ein jeder, der nicht Dir, sondern etwas anderem anhing, wird sich von Dir abkehren.

Muß man aber nicht allein deshalb schon die Armut schätzen, weil sie einem seine Freunde zeigt? Wann wird der Tag kommen, da niemand mehr Dir zu Ehren eine Lüge tut? Verschone deshalb Gott mit allen anderen Bitten und richte Dein ganzes Denken, Sorgen und Wünschen einzig darauf, daß Du mit Dir selbst zufrieden sein kannst und mit den Gütern, die in Dir selbst ihren Ursprung haben! Welches Glück kann uns näher sein? Beschränke Dich auf weniges, was Du nicht verlieren kannst, und daß Du dies um so lieber tust, dazu möge der Beitrag dieses Briefes dienen, den ich gleich erstatten werde.

Mag es Dir auch nicht gefallen – auch diesmal wird Epikur diesen Beitrag an meiner Stelle leisten: »Glaube mir, deine Worte werden großartiger wirken, wenn sie von einem armseligen Lager her kommen und aus einem schlichten Gewande; denn dann werden sie nicht nur gesprochen werden, sondern sogleich bezeugt.« Was mich anlangt, so höre ich das, was Demetrius sagt, mit anderen Ohren, wenn ich ihn nackt noch auf etwas Minderem als einer Strohschütte liegen sehe; dann ist er nämlich nicht nur ein Lehrer der Wahrheit, sondern ihr Zeuge. Können wir also nicht den Reichtum auch dann verachten, wenn er uns im Schoße liegt?

»Ich weiß nicht«, so höre ich Dich einwenden, »wie jener mit der Armut fertig würde, wenn sie sein Los wäre.« Und ich weiß nicht, ob jener eifernde Arme den Reichtum verschmähte, wenn er ihm zufiele. Daher muß man in jedem Falle den Charakter in die Waagschale legen und darauf sehen, ob jener die Armut hinzunehmen, dieser aber dem Reichtum zu widerstehen vermag. Sonst ist ein elendes Lager und eine zerlumpte Kleidung nur ein geringer Beweis von gutem Willen, wenn es nicht klar ist, daß einer dies nicht aus Not, sondern aus freier Wahl auf sich nimmt.

Übrigens ist es bezeichnend für eine bedeutende Begabung, nicht überstürzt zu einer solchen Haltung als der besseren überzuwechseln, sondern sich allmählich dafür bereitzumachen, da sie die bekömmlichere und leichtere Haltung ist; ja, es ist wirklich die leichtere, mein Lucilius; und wenn Du erst nach gründlichem Nachdenken zu ihr findest, so ist sie auch die bekömmlichere. Denn auf sie gründet sich jene Sittlichkeit, ohne die es nichts Angenehmes gibt.

Daher halte ich das für notwendig, was – ich schrieb Dir schon darüber – große Männer oft getan haben, nämlich ab und zu Tage einzuschieben, an denen wir uns durch eine freiwillig gelebte Armut vorüben für die wirkliche. Und das ist um so nötiger, da wir durch unsere Gelüste völlig verweichlicht sind und alles als hart und schwer empfinden. Ja, wir müssen uns aus dem Schlafe reißen und aufrütteln und müssen uns dessen erinnern, daß die Natur nur sehr wenig für uns bestimmt hat. Keiner wird reich geboren, jeder, der das Licht erblickt, ist gehalten, mit Milch und mit einer Windel sich zu begnügen. Und nach einem solchen Anfang wollen uns doch oft Königreiche nicht genügen! Lebe wohl!

Vom Wert der Selbstbescheidung
und von der Verachtung des Glücks

Brief 18

Wir schreiben Dezember – und ausgerechnet da gerät die ganze Bürgerschaft in Schweiß. Die Üppigkeit ist zu einem allgemeinen Recht geworden, und überall lärmt es von den ungeheuren Vorbereitungen, als ob zwischen den Saturnalien und dem Alltag ein Unterschied bestünde; und dabei besteht doch gar keiner, und jener scheint mir folglich nicht geirrt zu haben, der da meinte, einst sei der Dezember ein Monat gewesen, nunmehr aber sei er ein ganzes Jahr! Hätte ich Dich bei mir, so unterhielte ich mich gerne mit Dir darüber, was Du meinst, ob man von den täglichen Gewohnheiten nichts abstreichen soll, oder ob auch wir, um nicht in Widerspruch mit den öffentlichen Bräuchen zu geraten, lustiger schmausen und die ernste Toga ablegen sollen. Denn was früher nur in unruhigen und traurigen Zeiten des Staates üblich war, das tun wir jetzt zum Zeichen des Vergnügens und an Festtagen, indem wir die Kleidung wechseln.

Kenne ich Dich recht, so hättest Du die Rolle eines Vermittlers übernommen und gewünscht, daß wir dem Haufen mit der Narrenkappe weder in allem ähnlich noch gänzlich unähnlich seien; es müßte denn gerade an diesen Tagen angebracht sein, sich in Zucht zu nehmen und allein den Vergnügungen zu entsagen, während die Menge sich ihnen hemmungslos hingibt. Den sichersten Beweis für seine Festigkeit erfährt der Mensch, wenn er all den schmeichelnden Verlockungen widersteht und sich nicht verführen läßt.

Viel mehr will es aber bedeuten, inmitten einer betrunkenen und sich übergebenden Menge nüchtern zu bleiben, und es verlangt mehr Selbstbeherrschung, sich nicht auszuschließen und aufzufallen – und bei allem mitzumachen und das gleiche zu tun, aber eben auf eine andere Weise. Denn man kann ein Fest auch ohne Ausschweifung feiern.

Aber es macht mir solchen Spaß, die Festigkeit Deines Charakters auf die Probe zu stellen, daß ich nach der Anweisung großer Geister auch Dir nahelegen möchte: Schiebe einige Tage ein, an denen Du Dich mit der geringsten und einfachsten Speise und mit grobem und rauhem Gewande zufriedengibst und zu Dir sagen kannst: »Das also war's, wovor mir bange war!«

Gerade während sorgenfreier Tage bereite man sich für schwere vor, und man rüste sich gegen die Unbilden des Schicksals dann, wenn es einem freundlich lächelt. Auch der Soldat hält mitten im Frieden Manöver, schanzt ohne einen Feind und rakkert sich mit überflüssiger Arbeit ab, um den notwendigen Mühen einmal gewachsen zu sein. Willst Du, daß einer im Kampf nicht erbebe, dann übe ihn vor dem Kampf! Diesen Rat befolgen die, welche allmonatlich einmal lebten, als wären sie arme Leute, und taten, als besäßen sie fast gar nichts – um nicht erbeben zu müssen vor dem, was sie längst geübt hatten!

Du mußt nun nicht glauben, ich spräche von den Mahlzeiten des Menschenfeindes Timon[22] und von den Armenstübchen in den Palästen und womit sonst noch die Üppigkeit aus Ekel am Reichtum spielt. Nein, jene harte Pritsche sei echt wie auch der ärmliche Soldatenmantel und das derbe Schwarzbrot! Nimm es auf Dich drei, vier, bisweilen auch noch mehr Tage hindurch, daß es nicht nur ein Spiel, sondern eine Bewährungsprobe sei! Dann, mein Lucilius, glaube mir, wirst Du frohlocken, wenn Du für ein paar Groschen satt wirst, und Du wirst innewerden, daß man des Glückes nicht bedarf, um von Sorgen frei zu sein; denn was der Lebensnotdurft genügt, das muß es uns geben, auch wenn es uns zürnt.

Doch besteht kein Anlaß, daß Du glaubst, ein großes Werk damit zu vollbringen; denn Du tust nur, was viele tausend Sklaven und Arme tun. Nur darin erblicke etwas Besonderes, daß Du nicht aus Zwang so handelst, daß es Dir ebenso leichtfallen wird, es immer zu ertragen wie bisweilen es auf Dich zu nehmen.

Wir müssen uns gleichsam an einem Übungsgerät ausbilden, und damit uns das Geschick nicht unvorbereitet überrasche, werde die Armut unsere vertraute Freundin! Wir werden uns in unserem Reichtum sicherer fühlen dürfen, wenn wir wissen, wie wenig schwer es ist, arm zu sein.

Epikur, jener Meister des Wohlbefindens, hatte bestimmte Tage, an denen er seinen Hunger nur dürftig stillte, um zu sehen, ob und wieviel ihm dabei am absoluten Wohlbefinden fehle und ob es sich lohne, das Fehlende mit großer Mühe zu ergänzen. So schrieb er wenigstens – es war während des Archontats des Charinus – an Polyän[23]. Und zwar rühmte er sich, er benötige zu seiner Lebenshaltung kein ganzes As, während Metrodorus[24], der noch nicht soweit sei, ein ganzes brauche.

»Und dabei glaubst du, daß man satt wird?« höre ich Dich sagen. Nicht nur das – es ist sogar eine Lust! Freilich keine leichte, flüchtige, die man immer wieder erneuern muß, sondern eine beständige und sichere. Denn Wasser, Graupen oder ein Stück Gerstenbrot sind natürlich keine angenehme Sache; aber auch daran Freude haben zu können und sich auf das zu beschränken, was uns kein widriges Schicksal entreißen kann, das ist doch die höchste Lust. Da gibt es freilich im Kerker noch mehr zu essen, und der Henker hält seine Todeskandidaten nicht so knapp. Aber was will es Hohes bedeuten, freiwillig sich auf das zu beschränken, was selbst einer, über den der Stab gebrochen ist, nicht zu fürchten braucht!

Das nenne ich den Geschossen des Schicksals zuvorkommen! Mach also Ernst mit der Nachahmung solcher Beispiele, mein Lucilius, und bestimme gewisse Tage, an denen Du Dich von Deinem Reichtum abkehrst und Dich mit dem Lebensminimum begnügst! Mache Dich nur an die Armut heran! »Wage es, Fremdling, den äußeren Glanz zu verachten, und mache auch du dich würdig der Gottheit!«[25]

Niemand anderer aber ist des Gottes würdig, als wer den Reichtum verachtet. Ich verbiete Dir nicht, ihn zu besitzen, aber ich möchte es dahin bringen, daß Dich sein Besitz nicht ängstigt. Dies aber erreichst Du nur dann, wenn Du überzeugt bist, auch ohne ihn glücklich sein zu können, und wenn Du ihn stets als etwas Vergängliches ansiehst.

Doch nun muß ich daran denken, meinen Brief zu beenden. »Begleiche erst«, so sagst Du, »deine Schuld!« Ich will Dich mit Deiner Forderung an Epikur verweisen; er wird dafür aufkommen: »Unmäßiger Zorn führt zum Wahnsinn.« Wie sehr dies stimmt, mußt Du ja wissen, da Du sowohl einen Sklaven wie auch einen Feind hattest. Gegenüber Personen jeglicher Art kann diese Leidenschaft auflodern; sie hat ihren Ursprung in der Liebe wie im Haß und entbrennt im Ernst ebenso wie in Spiel und Scherz. Und es ist auch gleichgültig, aus welch schwerwiegendem Grund es zu dieser Leidenschaft kommt, nur, in welches Herz sie einzieht, ist von Bedeutung. Nicht auf die Größe eines Feuers kommt es an, sondern was es erfaßt; denn auch das stärkste Feuer nehmen dichte Stoffe nicht an, während dürre

und leicht brennbare schon den Funken zur Feuersbrunst anwachsen lassen.

So ist es, mein lieber Lucilius! Am Ende eines maßlosen Zor-
nes steht die Raserei, und deshalb muß man den Zorn bekämpfen – nicht der Mäßigung wegen, sondern um bei Verstand zu
bleiben! Lebe wohl!

Gegen die Furcht vor dem Tode

Brief 30

Den trefflichen Aufidius Bassus[26] sah ich, wie er, in seiner Lebenskraft gebrochen, mit dem Alter kämpfte. Es drückt aber schon zu schwer auf ihn, als daß er sich nochmals aufrichten könnte, ja, es lastet mit seinem großen, vollen Gewicht auf ihm. Du weißt, er war immer schwächlich und blutarm; lange riß er sich körperlich zusammen, oder richtiger, er fristete sein Leben; nun ist er rasch zusammengebrochen. An einem lecken Schiff kann man wohl die eine oder andere Spalte abdichten, wenn es aber an mehreren Stellen gleichzeitig zu bersten anfängt, dann ist es nicht aufzuhalten, daß es sich gänzlich auflöst: Genauso läßt sich ein altersschwacher Körper wohl einige Zeit stärken und stützen; wenn aber, wie bei einem morschen Gebäude, sich alle Fugen lösen und, während man die eine schließt, eine andere sich öffnet, so muß man sehen, wie man noch »hinauskommt«.

Unser Bassus hat aber noch einen frischen Geist. Der Philosophie hat er dies zu danken; sie läßt ihn heiter dem Tod ins Antlitz sehen, mutig und froh, wie immer es um seinen Körper steht; sie sorgt, daß er seine Geisteskraft bewahrt, ob ihn die Kraft des Körpers auch verläßt. Ein rechter Steuermann fährt ja auch mit einem zerfetzten Segel und macht die Reste des Fahrzeugs zurecht für die weitere Fahrt. So hält es auch unser Bassus, und er sieht seinem Ende in einer Stimmung und mit einer Miene entgegen, daß man darin schon eine allzu große Unbesorgtheit sehen möchte, wenn er so das Ende eines anderen Menschen erwartete.

Es ist etwas Großes, mein Lucilius, was eine lange Schulung voraussetzt, mit Gleichmut wegzugehen, wenn die unvermeidliche Stunde gekommen ist. Andere Arten des Todes sind noch mit einiger Hoffnung verbunden: Eine Krankheit hört auf, eine Feuersbrunst wird gelöscht; mancher Einsturz hat die Gefährdeten unversehrt niedergesetzt, das Meer hat manchen mit der gleichen Gewalt, womit es ihn verschlang, wieder unverletzt ans Land geworfen, und mancher Soldat hat schon das Schwert vom Nacken des todgeweihten Gegners zurückgerissen. Aber für einen dem Tode verfallenen Greis gibt es keine Hoffnung; einzig für ihn gibt es kein Zurück.

Auf keine andere Art sterben die Menschen sanfter, aber auf keine andere Weise dauert das Sterben auch länger. Es wollte mir nämlich scheinen, als geleite unser Bassus sich selber zu Grabe und bestatte sich – und überlebe sich selbst und trage den Verlust seiner selbst wie eben ein Weiser. Denn oft spricht er vom Tode und bemüht sich dabei, uns zu überzeugen, daß es Schuld des Sterbenden, nicht des Todes sei, wenn mit dem Sterben einiges Ungemach und auch Angst sich verbinde; während des Todes selbst erfahre man sowenig ein Leid wie nach ihm. Wer aber etwas fürchtet, was er nicht erleiden wird, ist nicht minder töricht als einer, der fürchtet, was er nicht spüren wird. Oder glaubt einer, man könne das fühlen, was einen des Gefühls beraubt? »Also«, sagt Bassus, »steht der Tod in solchem Maße fern jeglichem Leiden, daß er auch mit der Furcht vor irgendwelchen Leiden nichts zu tun haben kann.«

Schon oft, ich weiß es, ist dies gesagt worden, und man muß es auch oft wiederholen; aber weder wenn ich es las noch wenn ich es von denen hörte, die die Furchtbarkeit einer Sache aus sicherer Entfernung von ihr zu bestreiten pflegen, brachte es mir gleichen Gewinn wie aus dem Munde des Bassus. Er machte eben auf mich den stärksten Eindruck, da er vom nahen Tode sprach.

Höre, wie ich denke! Ich glaube, wer im Sterben liegt, ist mutiger, als wer sich nur im Bereich des Todes befindet. Denn der Tod, der schon neben einem verweilt, verleiht selbst unerfahrenen Leuten den Mut, sich ins Unvermeidliche zu schicken. So bietet der Fechter, der während des ganzen Kampfes von Furcht erfüllt war, dem Gegner seine Kehle dar und lenkt das Schwert, das sie verfehlen will, genau auf sie. Jener Tod aber, der erst im Nahen ist, doch sicher kommen wird, erfordert einen zähen und festen Mut, wie er sich nur selten und nur bei Weisen findet.

Gar dankbar also war ich dem Bassus, als er mich gewissermaßen sein Gutachten über den Tod vernehmen ließ und sein Wesen beschrieb, als hätte er ihn schon aus der Nähe betrachten können. Bei Dir freilich fände einer mehr Glauben und Gewicht, der von den Toten aufstände und aus Erfahrung berichtete, daß mit dem Tod nichts Schlimmes verbunden sei.

Welche Erschütterung das Nahen des Todes mit sich bringt, werden Dir die am besten sagen, die ihm nahe waren, die ihn herankommen sahen und ihm die Türe öffneten. Unter diese darfst Du unseren Bassus zählen, der nicht wollte, daß wir uns täuschen ließen. Und er sagte uns, wer den Tod fürchte, sei nicht minder ein Tor als der, welcher dem Alter mit Furcht begegne. Denn wie das Greisenalter dem Mannesalter folgt, so der Tod dem Greisenalter. Wer den Tod verneint, verneint auch das Leben; denn das Leben ist uns nur unter dem Vorbehalt des Todes verliehen; es ist der Weg zum Tod. Ihn zu fürchten, ist also Wahnwitz, weil man dem Sicheren ja entgegensieht, nur das Unsichere aber fürchtet. Der Tod beruht auf einer gerechten und unumgänglichen Notwendigkeit. Wer kann darüber Klage führen, daß er sich in einer Lage befindet wie alle anderen Menschen auch? Die wichtigste Voraussetzung der Gerechtigkeit aber ist die Gleichheit.

Doch es erübrigt sich nun, die Natur noch weiter in Schutz zu nehmen, die für uns kein anderes Gesetz wollte als für sich selbst. Was sie bindet, das löst sie wieder, und was sie löst, das bindet sie wieder. Ist nun einem das Glück geworden, daß ihn das Greisenalter sanft dem Leben entgleiten läßt, nicht jählings weggerissen, sondern ganz allmählich entrückt, dann sollte er wahrhaftig allen Göttern dafür danken, daß er nach einem erfüllten Leben zur Ruhe gelangt, die dem Menschen unerläßlich, dem müde Gewordenen aber süß ist.

Du siehst doch auch, wie manche Menschen den Tod herbeisehnen, und zwar noch in höherem Grade, als man gewöhnlich um das Leben fleht. Ich weiß nicht, welche Menschen uns mehr Mut machen können, die, welche nach dem Tod verlangen, oder die, welche ihn ruhig und heiter erwarten; denn das eine geschieht bisweilen in der Erregung und in plötzlicher Aufwallung, während das andere, die Ruhe des Herzens, aus einer festen Überzeugung erwächst.

Manche begegnen dem Tod voll Zorn. Heiter wird ihn eben niemand empfangen, außer wer sich schon lange auf ihn eingestellt hat. Deshalb, ich gestehe es, habe ich den teueren Mann aus vielerlei Gründen so oft besucht, um zu sehen, ob ich ihn jedesmal in der gleichen Haltung anträfe, oder ob etwa mit den Kräften des Körpers die geistige Frische entschwinde; diese aber nahm bei ihm im Gegenteil immer mehr zu, etwa so, wie sich sichtlich die Freude der Wagenlenker um so mehr steigert, je näher sie bei der siebten Runde an die Siegespalme herankommen.

Ganz nach der Lehre Epikurs sagte Bassus zu mir, er hoffe

vor allem, der letzte Atemzug gehe ohne jeden Schmerz vor sich; im anderen Falle aber habe schon die Kürze des Vorgangs wieder etwas Tröstliches. Denn kein Schmerz, der groß ist, könne lange dauern. Übrigens werde ihm auch beim Scheiden der Seele aus dem Körper, wenn es unter Schmerzen vor sich gehe, das Wissen Erleichterung bringen, daß es der letzte Schmerz sei, den er empfinden könne. Er zweifle aber nicht, daß seine Greisenseele nur noch ganz außen an seinen Lippen hafte und sich ohne große Gewalt von seinem Körper lösen lasse. Ein Feuer, das eine kräftige Nahrung gefunden hat, muß man mit Wasser, bisweilen durch Einreißen des Gebäudes ersticken, aber eines, dem es an Nahrung gebricht, erlischt ohnehin.

Gerne, mein Lucilius, vernehme ich solche Worte, nicht als wären sie neu, sondern da sie einen mit der Wirklichkeit des Lebens vertraut machen. Doch Du fragst, ob ich nicht schon wiederholt erlebte, wie sich Menschen selbst das Leben nahmen. Natürlich sah ich solche; doch mehr halte ich von jenen, die dem Tod begegnen, ohne das Leben zu hassen, die ihn an sich herankommen lassen, die ihn nicht an sich ziehen.

Daß wir den Tod als Qual empfinden, sagt Bassus, ist unsere eigene Schuld, da wir zu beben anfangen, wenn wir den Tod uns nahe glauben; wem aber wäre er nicht nahe, er, der bereitsteht an allen Orten und in jedem Augenblick? Wollen wir doch dann, wenn irgendeine Todesgefahr sich zeigt, bedenken, wieviel näher uns andere Todesgefahren sind, die wir nicht fürchten! Da bedrohte einen der Feind mit dem Tod – doch eine innere Krankheit sollte diesen noch rascher herbeiführen als der Feind.

Wollten wir die Ursachen unserer Furcht unterscheiden, so fänden wir, daß es echte und scheinbare gibt. Nicht den Tod als solchen fürchten wir, sondern das, was wir uns darunter vorstellen; denn von ihm selbst trennt uns immer nur die gleiche Entfernung: Muß man daher den Tod fürchten, so muß man ihn stets fürchten, da ihm jeder Augenblick gehört.

Doch nun muß ich fürchten, Du möchtest so lange Briefe noch mehr hassen als den Tod, und so will ich schließen. Du aber denke stets an den Tod, damit Du ihn nie zu fürchten brauchst! Lebe wohl!

Was die Menge denkt, ist richtig?

Brief 31

Ja, das ist mein Lucilius! Er fängt an, sich so zu zeigen, wie er es versprochen hat. Folge nur jener inneren Stimme, die Dich drängt, was der Menge gefällt, mit Füßen zu treten und den Weg zu den edlen Dingen zu suchen! Du brauchst nicht größer und besser zu werden, als Du Dir vornahmst. Der Grund, den Du legtest, hat sich schon mächtig geweitet: Führe nur alles aus, was Du begonnen, und setze in die Tat um, was Du im Sinne trägst. Ja, Du wirst ein Weiser werden, wenn Du Deine Ohren verschließest; doch genügt es nicht, sie mit Wachs zu verstopfen; etwas Stärkeres brauchst Du dazu, als es Odysseus[27] bei seinen Gefährten verwendet haben soll. Damals galt es, einer Stimme zu wehren, die wohl schmeichlerisch tönte, jedoch nur aus einer einzigen Richtung; heute aber gilt es einer zu widerstehen, die nicht von einer einzigen Klippe her zu uns dringt, sondern die von allen Enden der Welt sich erhebt. Deshalb lasse nicht nur einen Ort abseits liegen, an dem Du etwa hinterhältige Lust vermutest, sondern alle Städte!

Stelle Dich taub für die, die Dich am meisten lieben! Schlimmes wünschen sie Dir im guten Glauben. Und willst Du glücklich sein, so bitte die Götter, sie möchten keinen ihrer Wünsche erfüllen; denn es sind keine echten Werte, die sie Dir in Fülle zugedacht haben. Nur ein einziges Gut gibt es, das Urgrund und Stütze eines echten Glückes ist: daß man sich auf sich selbst verlassen kann. Dazu gelangen wir aber nur, wenn wir die Mühsal geringschätzen und sie unter die Dinge rechnen, die weder gut noch schlecht sind. Denn es kann nicht ein und dieselbe Sache bald schlecht, bald gut, bald harmlos und erträglich, bald furchtbar sein, Mühsal ist kein sittliches Gut. Was aber ist eines? Die Verachtung der Mühsal!

Deshalb möchte ich jene tadeln, die sich nur um eitle Dinge abmühen, die aber will ich preisen, die nach Edlem streben, und ihnen rufe ich zu, je mehr sie sich mühen und je weniger sie nachgeben: »Auf, nicht lockergelassen, tief geatmet! Und nun, wenn du irgendwie kannst, dann in einem Atem den Berg genommen!« Edle Seelen gewinnen aus der Mühsal ihre Kraft. Du sollst also

49

Dein Wünschen und Sehnen nicht nach jenem alten Elternwunsch richten. Und es ist überhaupt für einen so erfolgreichen Mann beschämend, immer noch den Göttern in den Ohren zu liegen. Wozu all das Beten? Mache Dich selbst glücklich! Und Du wirst es, wenn Du erkennst, daß sich dem Guten die Jugend, dem Bösen das Laster zugesellt. So wie es kein Leuchten gibt ohne Licht und kein Dunkel ohne die Finsternis und Lichtlosigkeit, wie ohne die Wirkung des Feuers nichts warm wird und ohne Luft nichts kühlt, genauso sind Gut und Böse durch Tugend und Laster bedingt. Was also ist ein Gut? Das Erkennen der Dinge. Und was ist ein Übel? Sie nicht erkennen!

Der Kluge und Erfahrene wird bei seiner Einstellung zu den Dingen die Umstände mitreden lassen. Aber er fürchtet nicht, was er ablehnt, und bewundert nicht, was er bejaht, sofern er einen hohen Mut und ein starkes Herz besitzt. Laß Dich auf keinen Fall unterwerfen und niederdrücken! Es reicht nicht aus, der Mühsal aus dem Weg zu gehen, Du mußt sie fordern!

Nun fragst Du, wann denn eine Mühe eitel und sinnlos sei: dann, wenn sie durch niedrige Beweggründe verursacht wurde. Doch ist auch sie kein Übel, sowenig wie eine Mühe, die man auf schöne Dinge verwendet, weil es die ihr innewohnende Kraft zur Hingabe ist, die die Seele ermuntert, Hartes und Beschwerliches auf sich zu nehmen, indem sie spricht: »Was zögerst du? Ein rechter Mann scheut nicht den Schweiß.«

Daß die Tugend vollkommen sei, dazu bedarf sie noch des Gleichmaßes und einer Harmonie der Lebensführung, die sich in jeder Lage bewährt. Dies wiederum setzt voraus, daß wir das Wesen der Dinge erkennen und in der Lage sind, das Menschliche und Göttliche in seinem Wesen zu erfassen. Darin beruht das höchste Gut, und hast Du es gewonnen, so wirst Du zum Genossen der Götter, statt ihr Bettler zu sein.

Wie Du dies erreichen könntest, willst Du wissen? Nicht über den Apennin und nicht über die Alpen führt der Weg dorthin – auch nicht durch die kandavische Wüste; auch brauchst Du nicht die Syrten noch Scylla und Charybdis zu befahren, die Du allesamt einer unbedeutenden Statthalterschaft zuliebe durchreist hast. Gefahrlos und angenehm ist diese Reise, zu der Dich die Natur gerüstet hat. Sie verlieh Dir jene Güter, die Dich Gott ähnlich machen werden, falls Du sie nicht vertust. Geld wird Dich nicht Gott gleichmachen, denn Gott ist ohne Besitz. Auch die verbrämte Toga des Staatsbeamten wird es nicht schaffen;

denn Gott ist ohne Kleidung. Ebensowenig vermag es Dein Ruf, das Herausstellen Deiner Persönlichkeit und die Weltberühmtheit Deines Namens; denn Gott ist keinem bekannt; viele denken schlecht von ihm, und es geschieht ihnen nichts. Auch die Sklavenschar will nichts besagen, die Deine Sänfte durch die Straßen Roms und fremder Länder trägt; denn der gewaltige, allmächtige Gott ist es, der selbst alles trägt. Nicht einmal Schönheit und Stärke können Dich glücklich machen; denn nichts davon widersteht dem Alter. Drum sollen wir etwas suchen, was nicht von Tag zu Tag minder wird, was jedem Ansturm standhält! Was kann dies sein?

Es ist die Seele, und zwar die edle, erhabene, die reine Seele. Wie wirst Du sie anders bezeichnen können denn als Gott, der im Leib des Menschen Wohnung nahm? Und sie vermagst Du anzutreffen bei einem Freigelassenen und Sklaven nicht minder als bei einem römischen Ritter. Was ist denn ein »römischer Ritter«, ein »Freigelassener« oder ein »Sklave«? Bloße Namen sind es, aus Ehrgeiz oder aus Ungerechtigkeit geboren. Auch aus einem Winkel kann man sich zum Himmel erheben. Auf denn, und »bilde auch Dich der Gottheit ebenbürtig!«

Doch nicht Gold und Silber wirst Du dazu hernehmen, denn daraus läßt sich kein Bild formen, das einem Gott gliche. Denke daran, daß die Bilder der Götter einstens, als diese uns noch gnädig waren, aus Ton gefertigt wurden. Lebe wohl!

Das echte Glück ruht in dir selbst.

Brief 32

Ich frage nach Dir und erkundige mich bei allen, die aus jener Gegend kommen, was Du treibst, wo Du lebst und in welcher Gesellschaft. Du kannst mich nicht mit leeren Worten abspeisen; denn ich bin bei Dir. Und Du lebe so, als hörte ich alles, was Du tust, ja, als wäre ich zugegen!

Du fragst, was mir am meisten Freude macht von dem, was ich über Dich zu hören bekomme? Nun, daß ich eben nichts höre, daß die meisten, die ich befrage, nicht wissen, was Du treibst. Darin steckt gerade die Heilkraft, daß man den Umgang mit Menschen meidet, die ganz andere Ziele und Wünsche haben. Ich habe aber die feste Überzeugung, daß Du Dich nicht ablenken läßt, daß Du Dein Ziel festhältst, mögen Dich die Verführer noch so umschwärmen.

Was ist es denn, was ich fürchte? Ich fürchte nicht, sie möchten Dich umwandeln, aber sie könnten Dir im Wege sein! Aber schon wer uns verweilen läßt, schadet uns viel bei der Kürze des Lebens, das wir durch unsere Unbeständigkeit noch mehr verkürzen, indem wir es bald von hier, bald von dort neu beginnen. Wir machen es zu kleinen Teilchen und zerstückeln es. Drum spute Dich, mein teuerster Lucilius, und bedenke, wie Du Deinen Lauf bechleunigst, wenn Dich der Feind im Rücken bedrohte, wenn Du besorgtest, Reiter sprengten heran und folgten dem Fliehenden auf dem Fuß!

So ist es ja auch: Sie setzen Dir nach, schnell, fliehe, bring Dich in Sicherheit und bedenke zuweilen, wie schön es ist, noch vor dem Tod des Lebens Vollendung zu erreichen und dann den Rest seiner Tage ohne Sorgen zu erwarten und im Besitz des wahren Glücks, dem durch die Länge der Zeit nichts mehr zuwächst.

Wann wirst Du endlich überzeugt sein, daß die Zeit nichts für Dich bedeutet, wann wirst Du in völligem Selbstgenügen ruhig und heiter leben, ohne Dich um den morgigen Tag zu kümmern?

Du begehrst zu wissen, was die Menschen so sehr nach dem Künftigen trachten läßt? Nun, keiner findet eben an sich selbst Genüge.

Deine Eltern haben ganz anderes für Dich gewünscht, aber

ich wünsche Dir, Du wollest all das verachten können, was sie für Dich erflehten. Ihre Wünsche wollen Dich auf Kosten vieler bereichern. Ich aber wünsche, Du möchtest selbst über Dich verfügen können, damit Dein von schweifenden Gedanken beunruhigter Geist endlich einmal Ruhe finde und Sicherheit; daß er Gefallen habe an sich selbst, daß er die echten Werte erkenne, die einem gehören, sobald man sie erfaßt hat, und daß er eines Zuwachses an Jahren nicht mehr bedürfe.

Erst der ist erhaben über alle Lebensbedürfnisse, erst der ist frei und aller Knechtschaft ledig, der sein Lebenswerk abgeschlossen hat, sein Leben aber weiterführt. Lebe wohl!

Vom Selbstmord

Brief 70

Nach einer langen Pause habe ich Dein Pompeji wiedergesehen und ließ mich dadurch wieder in das Erlebnis meiner Jugendzeit zurückversetzen. Was immer ich damals als Jüngling getan hatte, glaubte ich noch tun zu können und eben noch getan zu haben. Wir sind auf der Seefahrt des Lebens vorangeeilt, Lucilius; und wie auf dem Meere »Länder und Städte zurückweichen«, um mit unserem Vergil zu sprechen, so haben wir bei diesem stürmischen Lauf der Zeit zuerst die Kindheit aus der Sicht verloren, dann die Jugendzeit, dann alles, was zwischen ihr und dem Greisenalter und an der Schwelle dieser Altersstufe liegt, endlich aber die besten Jahre des Greisenalters selbst. Und schließlich kommt nun das allgemein übliche Ende des menschlichen Lebens in Sicht.

In unserem Irrwahn halten wir dieses Ende für eine Klippe, während es doch ein Hafen ist, den wir zuweilen ansteuern müssen, aber nie verschmähen dürfen! Ward einer in frühen Jahren dorthin getragen, so darf er sich sowenig beklagen wie einer, der seine Fahrt schnell zurücklegte. Den einen nämlich, Du kennst es, narren lässige Winde und halten ihn fest und lassen ihn müde werden im Ärger über die hemmende Stille, den anderen trägt ein unablässiger Fahrtwind gar schnell ans Ziel.

Stelle Dir vor, daß es uns genauso ergeht: Einige trägt das Leben eilends dorthin, wohin sie auch auf zögernder Fahrt gelangen mußten; andere aber hat es weich und mürbe gemacht. Man braucht es aber, wie Du weißt, nicht immer festzuhalten; denn nicht das Leben an sich ist schon ein Gut, sondern nur das rechte Leben.

Deshalb lebt der Weise, solange es seine Pflicht ist, nicht, solange er kann. Er wird darauf achten, wo, in welcher Gesellschaft, unter welchen Umständen und bei welcher Tätigkeit er leben wird; für ihn ist immer wichtig, was es für ein Leben ist, nicht, wie lange es währt. Begegnet ihm viel Ungemach, was seine Ruhe stört, so entläßt er sich selbst aus dem Leben; und zwar handelt er so nicht nur in der äußersten Not, sondern sobald ihm sein Schicksal verdächtig wird, prüft er sorgfältig, ob er nicht aus freien Stücken ein Ende machen soll.

Er hält es für belanglos, ob er das Ende herbeiführt oder ob er es findet, ob es früher oder ob es später geschieht. Er sieht ihm nicht furchtsam wie einem großen Verlust entgegen; denn an dem, was ohnehin tropfenweise dahingeht, kann man nichts verlieren.

Ob man früher oder später stirbt, will nichts bedeuten, wohl aber ob man gut oder schlecht lebt. Gut sterben aber heißt der Gefahr entfliehen, schlecht zu leben. Deshalb halte ich das Wort jenes Rhodiers für recht weibisch, der, von einem Tyrannen in einen Käfig gesperrt und wie ein wildes Tier gehalten, zu einem sagte, der ihm zum Hungertode riet: »Solange der Mensch lebt, darf er noch alles hoffen.« Mag es auch stimmen, so darf man das Leben doch nicht um jeden Preis erkaufen. Mag manche Hoffnung groß sein und Gewißheit haben, so will ich doch nicht durch das elende Bekenntnis meiner Schwäche dorthin gelangen. Sollte ich wirklich eher glauben, das Glück vermöge alles bei einem, der lebt, als es sei machtlos bei einem, der zu sterben weiß?

Manchmal wird der Weise auch angesichts des sicheren Todes und obgleich er weiß, daß ihm die Hinrichtung bestimmt ist, seine Hand nicht dem Henker leihen. Denn Torheit wäre es, aus Angst vor dem Tode zu sterben. Er kommt schon, der Dich töten soll, warte nur! Weshalb greifst Du ihm vor? Warum gibst Du Dich her für die Grausamkeit eines anderen? Mißgönnst Du sie dem Henker, oder willst Du ihn schonen? Sokrates hätte eines freiwilligen Hungertodes sterben können, ehe er durch Gift ums Leben kam. Trotzdem verbrachte er dreißig Tage im Kerker in der Erwartung des Todes – nicht in der Hoffnung, es könne noch ein Wunder geschehen und die lange Zeit biete noch allerhand Chancen, sondern um sich den Gesetzen zu opfern, um seine Freunde die letzten Stunden »des Sokrates« miterleben zu lassen. Was wäre törichter gewesen, als einerseits den Tod zu verachten, andererseits aber doch das Gift zu fürchten?

Scribonia[28], eine ehrengeachtete Frau, war die Tante des Drusus Libo, eines zwar adeligen, aber geistig unbedeutenden jungen Mannes, der Größeres erhoffte, als zu seiner Zeit möglich war, Größeres aber auch, als er selbst jemals erhoffen durfte. Eines Tages trug man ihn krank in einer Sänfte mit nur wenigen Begleitern aus dem Senat, denn alle seine Freunde hatten ihn treulos verlassen; und es war schon nicht mehr das Geleite für einen

Angeklagten als vielmehr für einen Toten. Da begann er zu überlegen, ob er sich den Tod geben oder ob er ihn abwarten solle. Ihm bedeutete da Scribonia: »Was kann dich verlocken, zu tun, was einem anderen obliegt?« Doch es war vergeblich; er nahm sich das Leben, und zwar mit gutem Grunde. Denn wenn einer noch am Leben bleibt, der in drei oder vier Tagen nach dem Willkürurteil seines Feindes sterben soll, dann arbeitet er einem anderen in die Hände.

Man kann also kein allgemein gültiges Urteil darüber abgeben, ob man dem Tod zuvorkommen oder ob man ihn erwarten soll, wenn eine äußere Gewalt ihn als unumgänglich erscheinen läßt; beide Einstellungen haben viel für sich. Wenn der Tod im einen Fall mit Qualen verbunden ist, im andern Fall aber einfach und leicht ist, warum sollte man sich nicht für diesen entscheiden?

Will ich mich auf eine Seereise begeben, so suche ich mir ein Schiff aus, will ich eine Wohnung, dann wähle ich ein entsprechendes Haus, und genauso wähle ich meine Todesart, wenn ich aus dem Leben scheiden will. Außerdem ist ein längerer Tod auf alle Fälle das größere Übel, so wahr ein längeres Leben nicht unbedingt ein größeres Gut zu sein braucht. In keinem Bereich muß man mehr der Neigung der Seele folgen als im Bereich des Todes; sie mag entfliehen, wie sie die Lust überkommt: Mag sie nach dem Schwert, nach dem Strick oder nach dem Gift greifen, das in die Adern strömt, sie bleibe dabei und sprenge die Fesseln ihrer Knechtschaft! Das Leben muß jeder auch vor seinen Nächsten rechtfertigen, den Tod nur vor sich selbst, und am besten gibt sich einer den Tod, so wie's ihm gefällt.

Töricht sind Überlegungen wie die: »Es wird heißen, ich sei nicht tapfer genug gewesen, ich hätte unbesonnen gehandelt, eine andere Todesart hätte größeren Mut bezeugt ...« Bedenke doch bitte, daß es keinen Entschluß gibt, den die üble Nachrede nicht trifft! Nur auf das eine achte, daß Du Dich so rasch wie möglich aus den Fängen des Schicksals befreist! Leute, die Deine Tat verurteilen, wird es immer geben.

Selbst zünftige Philosophen wirst du antreffen, die behaupten, man dürfe dem Leben keine Gewalt antun, und der Selbstmord sei ein Verbrechen; man müsse auf das Ende warten, das einem die Natur zugedacht habe. Aber sie sehen nicht, daß sie damit den Weg der Freiheit versperren. Nichts hat das ewige Gesetz besser eingerichtet, als daß es uns nur einen einzigen

Zugang zum Leben öffnete, aber vielerlei Ausgänge. Soll ich wirklich auf die Grausamkeit einer Krankheit oder eines Mitmenschen warten, wo ich die Möglichkeit habe, mitten zwischen den Qualen den Ausgang zu finden und alles Ungemach abzuschütteln? In diesem einen Punkte können wir uns wirklich nicht über das Leben beklagen: es hält keinen zurück! Es steht gut um den Menschen, denn es gibt für ihn kein Unglück außer durch seine eigene Schuld. Gefällt es Dir? Dann lebe! Gefällt es Dir nicht? Nun, es steht Dir frei, dorthin zu gehen, woher Du gekommen. Um Dein Kopfweh zu lindern, hast Du Dich schon öfters zur Ader gelassen, um Deine Leibesfülle zu mindern, öffnet man Dir eine Vene; es bedarf keiner klaffenden Wunde in der Brust: Das Skalpell öffnet den Weg zu jener großen Freiheit, und die sichere Ruhe kostet nur einen Stich.

Was macht uns dann so träge und energielos? Keiner von uns bedenkt, daß er doch einmal seine jetzige Behausung verlassen muß: Alte Mietsleute benehmen sich so, die sich von der Annehmlichkeit des Ortes und von der lieben Gewohnheit auch dann festhalten lassen, wenn ihnen Ungerechtigkeiten zugemutet werden. Willst Du gegenüber Deinem Körper unabhängig sein? Wohne in ihm wie in einer Herberge! Halte Dir vor Augen, daß Du sie doch einmal aufgeben mußt, und wenn es dann soweit ist, dann wirst Du mutiger sein.

Aber wie soll denen das rechte Ende einfallen, die nur ein Begehren ohne Ende kennen? Über nichts ist es so notwendig nachzudenken. In anderen Dingen übt man sich wohl ganz überflüssig. Gegen die Armut ist man innerlich gewappnet; aber der Reichtum ist geblieben. Den Schmerz zu verachten, haben wir uns gerüstet, aber unser Körper blieb zum Glück gesund und unverletzt und fordert von uns keine Bewährung dieser Tugend. Wir haben es uns zur Pflicht gemacht, den Verlust unserer Angehörigen tapfer zu ertragen; das Schicksal aber hat alle unsere Lieben am Leben erhalten. Nur die eine Bewährung wird einmal sicher von uns verlangt werden!

Du sollst nicht glauben, nur große Männer hätten es fertiggebracht, den Kerker der menschlichen Knechtschaft aufzureißen, und nur einem Cato[29] könnte dies gelingen, der seine Seele noch vollends mit der Hand befreite, als es dem Schwert nicht gelang; nein, Leute einfachsten Standes haben sich mit einem gewaltigen Entschluß ins Sichere gerettet. Und da es ihnen nicht möglich war, auf bequeme Weise zu sterben und die Mittel, die den Tod herbeiführen sollten, frei zu wählen, so griffen sie nach dem, was gerade zur Hand war, und fertigten eigenhändig Waffen aus an sich unschädlichen Gegenständen.

Vor kurzem ging während eines Tierkampfes einer von den Germanen, als man ihn für das Schauspiel am Morgen bereitmachte, beiseite, um seine Notdurft zu verrichten; denn ein anderer abgeschiedener Ort war ihm ohne Wache nicht zugänglich. Hier nahm er den zur Reinigung des unsauberen Platzes dienenden Schwamm mit dem hölzernen Stiel und stopfte sich das Ganze in die Kehle, bis er erstickte und starb. Das war natürlich ein Hohn auf den Tod. Freilich ging es dabei nicht sehr sauber und appetitlich her; zu dumm, wenn man mit Ekel sterben muß!!... Doch dieser Held hätte es wirklich verdient, seinen Tod selbst zu wählen! Wie mutig hätte er zum Schwert gegriffen, wie tapfer hätte er sich in die Tiefe des Meeres oder von einer überhängenden Felswand gestürzt! Aller Hilfsmittel beraubt, fand er doch eine Möglichkeit, sich den Tod zu geben und schuf sich dazu eine Waffe. Man sieht, am Sterben kann einen nur eines hindern, der mangelnde Wille!

Mag man über die Handlungsweise dieses zum äußersten entschlossenen Mannes denken wie man will, das eine steht fest, daß selbst der schmutzigste Tod noch vor der reinlichsten Sklaverei den Vorzug verdient.

Da ich nun schon einmal bei den Beispielen bin, die Leute aus geringem Stande gegeben haben, so will ich dabei bleiben; denn ein jeder wird um so höhere Forderungen an sich stellen, wenn er sieht, daß auch der Geringste den Tod gering zu schätzen vermag. Leute wie Cato, Scipio und andere, deren Namen uns mit Bewunderung zu erfüllen pflegen, halten wir für zu groß, als daß wir sie nachahmen könnten; nun aber will ich beweisen, daß sich in der Arena nicht weniger Beispiele dieser vorbildlichen Haltung finden lassen als unter den Helden des Bürgerkrieges.

Als neulich einer schwer bewacht zum vormittägigen Schauspiel gefahren wurde, nickte er ein, wie vom Schlaf überwältigt, und senkte den Kopf so tief, bis er in die Radspeichen geriet, und dann hielt er sich noch so lange auf dem Sitz, bis ihm durch die Bewegung des Rades das Genick brach... Der gleiche Wagen also, der ihn zum schimpflichen Tod führen sollte, ließ ihn zur Freiheit gelangen!

Nichts hindert einen fürwahr, wenn man den Willen hat auszubrechen und zu entfliehen. Die Natur hält uns in einem offenen Gefängnis! Wem es sein Schicksal gestattet, der sehe sich nach einem bequemen Ausgang um; wem sich mehrere Möglichkeiten bieten, sich zu helfen, der wähle geschickt und überlege, wie er sich am besten befreie! Wem sich aber keine günstige Gelegenheit bietet, der greife zur nächstbesten, sei es auch unerhört und noch nie dagewesen.

Wer den rechten Mut zum Sterben hat, der wird auch einen Weg finden. Nun siehst Du ja, wie selbst die geringsten Sklaven, wenn der Stachel des Schmerzes in ihnen wühlt, sich aufraffen und die besten Wächter zu täuschen vermögen.

Groß ist, wer sich den Tod nicht nur auferlegt, sondern wer ihn auch zu vollziehen weiß. Ich habe Dir aus dem gleichen Bereich der Schauspiele noch weitere Beispiele versprochen. In dem zweiten Seeschlachtspiel stieß sich einer der Barbaren die Lanze, die er auf seinen Gegner schleudern sollte, tief in seine eigene Kehle. »Warum«, so sagte er sich wohl, »mache ich nicht sogleich Schluß mit aller Qual, mit dem Spiel, das sie mit mir treiben? Weshalb warte ich mit Waffen in den Händen auf den Tod?« Dieses Schauspiel wirkte um so großartiger, als es für die Menschen ehrenvoller ist, das Sterben als das Töten zu lernen.

Und einen Mut, wie ihn das Gesindel besitzt, das dem Tode verfallen ist, sollen die nicht aufbringen können, die durch langes Nachsinnen und durch die Vernunft, die uns alles lehrt, gegen solche Fälle gerüstet sind? Sie lehrt uns, daß zwar viele Wege zum Tod führen, daß es aber nur ein Ende gebe und daß es belanglos ist, wann etwas eintritt, was doch eintreten muß.

Dieselbe Vernunft gibt uns auch den Rat, wenn möglich, nach eigener Wahl zu sterben; im anderen Falle aber sollen wir ergreifen, was immer sich bietet, um uns Gewalt anzutun. Es ist nicht erlaubt, vom Raube zu leben, aber eines »geraubten« Todes zu sterben, ist groß und erhaben. Lebe wohl!

Die Tugend ist das höchste Gut.

Brief 71

Bisweilen fragst Du mich über Einzelheiten um Rat, ohne zu bedenken, daß ein weites Meer zwischen uns liegt. Da nun ein guter Rat größtenteils davon abhängt, ob er auch zur rechten Zeit gegeben wird, so muß es wohl geschehen, daß Du meine Ansicht erst in dem Augenblick erfährst, wo die entgegengesetzte Meinung schon mehr Berechtigung hätte. Denn unsere Verhältnisse sind im Fluß, ja sie wechseln ständig, so daß auch ein Rat den Bedürfnissen des Tages Rechnung tragen muß; ja, dies ist fast schon zu wenig, er sollte, wie man sagt, aus dem Handgelenk entstehen. Wie man einen solchen Rat aber findet, das will ich Dir zeigen.

Sooft Du wissen willst, was Du lassen oder was Du erstreben sollst, richte Deinen Blick nur auf das höchste Gut, auf den Endzweck des Lebens! Damit muß alles übereinstimmen, was wir tun. Niemand wird im einzelnen richtig verfahren, wenn er sich nicht schon über sein höchstes Ziel klargeworden ist. Niemand wird, auch wenn er alle Farben bereithält, ein getreues Abbild zustande bringen, wenn er den Gegenstand, den er darstellen will, noch nicht kennt. Deshalb machen wir Fehler, weil wir alle nur über Einzelheiten des Lebens nachsinnen, statt über das Leben in seiner Gesamtheit. Wer einen Pfeil abschießen will, muß sein Ziel kennen und dann das Geschoß entsprechend mit der Hand lenken. Unsere Überlegungen aber gehen in die Irre, weil sie kein bestimmtes Ziel haben. Wer nicht weiß, welchen Hafen er ansteuern will, für den gibt es auch keinen günstigen Fahrwind. So spielt natürlich der Zufall in unserem Leben eine wichtige Rolle, da wir aus dem Zufall leben. Es gibt aber auch Menschen, die sich dessen gar nicht bewußt sind, daß sie etwas wissen! Wie wir oft diejenigen suchen, neben denen wir gerade stehen, so haben wir meistens keine Ahnung davon, daß wir unmittelbar vor dem höchsten Ziel stehen. Du brauchst weder mit vielen Worten noch mit langen Umschweifen zu umschreiben, was das höchste Gut ist. Mit dem Finger kann ich es dir sozusagen weisen. Man muß nur hindeuten und braucht es nicht erst in seine feinsten Teilchen aufzulösen. Denn wozu sollte dies schon dienen, da man doch einfach sagen kann: Das *höchste* Gut ist das Sittlichgute; ja, worüber Du noch mehr staunen wirst, das *einzige* Gut ist das Sittlichgute, und alles übrige sind nur falsche, unechte Güter.

Hast Du Dich einmal davon überzeugt und hast Du Dich in die Tugend verliebt – denn sie zu lieben wäre zuwenig –, so wird alles, was Du im Bunde mit ihr erlebst, wie immer es anderen erscheinen mag, glückhaft sein; selbst die Folter wird erträglich, ja sie wandelt sich in ein Gutes, wenn Du darüber erhaben bist; genauso jede Krankheit, sofern Du Dein Schicksal nicht verfluchst und Deiner Erkrankung nicht nachgibst, kurz, alles wandelt sich so, was anderen als Übel erscheint.

Doch darüber sei Dir klar, daß es kein anderes Gut gibt als das Sittlichgute, und alles Widrige wird man mit vollem Recht als ein Gut bezeichnen dürfen, sobald die Tugend es mit Sittlichkeit geadelt hat. Viele glauben, unser Versprechen übersteige die Möglichkeiten der menschlichen Natur; dies erklärt sich daraus, daß sie nur den Körper als Maßstab nehmen. Sobald sie sich an den Geist halten, werden sie in Gott das Maß für den Menschen sehen.

Wohlan, mein Lucilius, edelster der Männer, verlasse jene philosophische Kinderschule, wo man den erhabensten Dingen silbenweise beizukommen sucht, wo man den Geist herabstimmt und schwächt, indem man sich mit kleinlichen Dingen herumschlägt! Bilde Dich nach denen, die die Philosophie ergründet haben, nicht nach denen, die sie zum Gegenstand ihres Lehrens machen und sich bemühen, daß sie schwierig erscheine – statt erhaben.

Sokrates, der die ganze Philosophie auf die Ethik beschränkte und im Unterscheiden von Gut und Böse ihre höchste Aufgabe sah, sagte einmal: »Wenn ich dir etwas bedeute, dann strebe nach dem Sittlichguten, damit du glücklich seist, und laß es ruhig geschehen, daß dich mancher für einen Toren hält! Mag dich schmähen und kränken wer will, du wirst dabei nichts erleiden, sofern die Tugend mit dir ist.« »Willst du«, so sagte er ferner, »ein wirklich glücklicher Mensch sein, ein wahrhaft guter, so laß dich ruhig dann und wann verachten!« Das bringt aber nur fertig, wer alle Güter für gleich ansieht, weil es kein Gut ohne das Sittlichgute gibt, und weil dieses in allen Gütern in gleichem Maße enthalten ist.

»So war es also gleich, ob Cato[30] die Prätur bekam oder durchfiel, und ob er bei Pharsalus siegte oder unterlag? Und daß er nach der Niederlage seiner Partei sich selbst nicht unterkriegen ließ, wiegt so viel, wie wenn er als Sieger heimgekehrt wäre und den Frieden gebracht hätte?« Natürlich ist es so! Denn durch die gleiche Tugend wird sowohl das Unglück überwunden wie das Glück in die rechte Bahn gelenkt. Die Tugend aber läßt sich nicht vergrößern und nicht verkleinern, sie ändert ihren Umfang nicht.

»Aber Cn. Pompejus wird sein Heer verlieren; und jene Zier des Staates, der Adel, und die vorderste Reihe des pompejanischen Heeres, der bewaffnete Senat – sie werden in einer einzigen Schlacht zu Boden sinken, und der Zusammenbruch des gewaltigen Reiches wird den ganzen Erdkreis mit sich reißen; teils wird es in Ägypten, teils in Afrika oder Spanien auseinanderbrechen . . . nicht einmal das eine Glück soll die arme Republik erfahren, daß sie in *einem* Sturz ihr Ende finden darf . . .«

Mag alles so kommen; mag dem Juba[31] die genaue Ortskenntnis in seinem Reiche so wenig helfen, wie die unerschütterlichste Treue seiner Landsleute für ihren König; mag auch die schwergeprüfte Treue Uticas ins Wanken geraten und mag den Scipio auf Afrikas Boden das Glück seines Namens verlassen: Längst ist gesorgt, daß dem Cato kein Haar gekrümmt wird. »Aber er wurde doch besiegt?« Zähle auch dies zu Catos fehlgeschlagenen Hoffnungen; er weiß es ebenso tapfer zu tragen, daß ihm der Sieg nicht vergönnt war wie die Prätur. Am Tage seiner mißglückten Kandidatur gab er sich dem Spiele hin, und in der Nacht, da er sterben sollte, griff er zu den Büchern. Ihm galt es gleichviel, der Prätur wie dem Leben zu entsagen; für ihn stand es fest, daß man alles ertragen muß, was immer sich ereignen mag. Und warum hätte er die Umwandlung des Staates nicht tapfer und gleichmütig hinnehmen sollen?

Was ist denn nicht der Gefahr des Wechsels unterworfen? Die Erde nicht, der Himmel nicht, nicht dieses ganze Gebäude der Schöpfung, obgleich es Gottes Führung untersteht; nicht ewig wird es in seiner Ordnung verharren; es kommt der Tag, da auch der Ablauf dieser Ordnung gestört wird. Alles verläuft nach einem bestimmten Zyklus; es muß entstehen, wachsen und vergehen. Alle Himmelskörper, die Du über uns ihre Bahn ziehen siehst, auch der, inmitten dessen und auf dem wir leben, als befänden wir uns auf ganz festem Grund – allen erfüllt sich ihre Zeit, und sie werden dahingehen. Jedes Ding hat sein Greisenalter; und ist auch die Dauer verschieden, so führt doch die Natur alles ans gleiche Ziel. Alles, was ist, wird dereinst nicht mehr sein; es wird aber auch nicht vergehen, sondern es wird sich auflösen.

Für uns bedeutet diese Auflösung soviel wie untergehen. Denn unser Auge erfaßt nur das Nächste; darüber hinaus reicht unser kümmerlicher Geist nicht, der sich ganz dem Körper zugetan hat. Sonst würde er nämlich sein eigenes Vergehen – wie das der Seinigen – standhafter hinnehmen, wenn er hoffte, daß all dies im Rhythmus von Leben und Tod seine Phasen durchlaufe, daß sich das Verbundene löse und das Gelöste wieder verbinde und daß sich darin das ewige Walten der alles ordnenden Gottheit bekunde. Daher wird er mit Cato, wenn er mit seinem geistigen Auge den Ablauf der Zeit verfolgt, sagen: »Das ganze Menschengeschlecht, das gegenwärtige wie das künftige, ist dem Tode verfallen. Alle Städte, wo immer sie zur Macht kommen und gewaltige Reiche zieren, werden dereinst verschwinden, so oder so, und man wird den Ort suchen müssen, wo sie standen. Manche werden dem Krieg zum Opfer fallen, andere wird die Untätigkeit verzehren und ein Friede, der zur Trägheit entartet, und die Üppigkeit, die Todfeindin alles Großen. Alle diese fruchtbaren Gefilde wird eine Springflut des Meeres wegspülen, oder ein Erdbeben wird sie jäh in einem Abgrund verschwinden lassen.«

Wie sollte ich also unmutig werden, oder gar traurig, wenn ich dem allgemeinen Untergang um weniges vorangehe? Ein großer Geist muß sich der Gottheit fügen und alles ohne Zögern hinnehmen, was das Gesetz des Alls gebietet. Er wird ja entweder in ein besseres Leben entlassen, auf daß er im Bereich des Göttlichen ein lichtvolleres und ruhigeres Dasein führe, oder er wird bestimmt ohne jegliches Ungemach weiterbestehen, wenn er sich wieder mit der Natur verbindet und in das All zurückkehrt.

So ist also Catos ehrenhaftes Leben kein größeres Gut als sein ehrenhaftes Sterben, da sich die Tugend nicht vergrößern läßt. Sokrates sagte, mit der Tugend sei es so wie mit der Wahrheit: wie diese nicht wachsen kann, sowenig kann es auch die Tugend; sie hat ihr eigenes Maß und ist in sich vollendet.

Du hast also keinen Grund, Dich zu wundern, daß die Güter gleich sind, sowohl die, die wir uns absichtlich aneignen, wie auch die, welche uns zufällig zuteil werden. Denn nimmst Du an, sie seien ungleich, so wirst Du, falls Du den Mut bei der Folter etwa einmal geringer einschätztest, ihn sogar unter die Übel rechnen und wirst den Sokrates in seinem Kerker unglücklich nennen, ebenso den Cato, der die Wunde, die er sich versetzt hatte, noch entschlossener ein zweites Mal wieder aufriß, und für den Unglücklichsten hältst Du dann Regulus, der für seine sogar dem Feinde bewahrte Treue bestraft wurde. Und dennoch wagten nicht einmal die größten Weichlinge dies zu behaupten, denn sie bestreiten zwar, daß er glücklich, aber auch, daß er bedauernswert sei. Die Anfänger der alten Akademie räumen ein, man könne zwar unter derlei Martern glücklich sein, jedoch nicht in vollem Umfang; diese Ansicht ist jedoch abzulehnen.

Wer nicht glücklich ist, ist nicht im Genuß des höchsten Gutes. Das höchste Gut kennt keine Steigerung, sofern ihm die Tugend innewohnt und sie nichts schwächt, was ihr widerstrebt, d. h., wenn sie auch unter körperlichen Qualen ungebrochen bleibt – und sie bleibt es auch! Ich spreche hier nämlich von jener Tugend, die den Menschen mutig macht und ihn aufrichtet, die durch alle Anfechtungen nur noch weiterwächst. Diesen Geist aber, der oft Jünglinge von edler Sinnesart überkommt, wenn sie von der Schönheit irgendeines Ideals so ergriffen sind, daß sie alles Zufällige mißachten – diesen Geist wird die Weisheit uns einflößen und mitteilen; und sie wird uns verstehen lehren, daß das Sittlichgute das einzige Gut ist, da es weder schwinden noch wachsen kann, sowenig wie man ein Lineal biegen kann, das die Gerade festlegen soll; jede Veränderung an ihm würde die Gerade verletzen. Genauso steht es mit der Tugend: auch sie ist eine Gerade, die sich nicht biegen läßt; man kann sie weder härten noch steigern. Die Tugend ist ein absoluter Maßstab für alles. Läßt sie sich aber selbst nicht mehr gerader machen, als sie ist, so kann es auch unter den von ihr bewirkten Handlungen keinen Unterschied geben hinsichtlich ihrer »Geradheit«; denn alles muß ihr entsprechen und ist deshalb mit ihr gleich.

Nun fragst Du, ob es folglich dasselbe sei, bei einem Gastmahl zu liegen oder sich etwa foltern zu lassen. Das scheint Dir merkwürdig? Nun, darüber magst Du Dich noch mehr wundern, wenn ich Dir sage: Bei einem Gastmahl zu liegen, ist ein Übel, wenn es auf schimpfliche Weise geschieht – sich martern zu lassen ist aber ein Gut, wenn es im Geiste der Tugend vor sich geht. Nicht auf das Äußere einer Handlung kommt es an, sondern auf die Beteiligung der Tugend – davon hängt es ab, ob etwas ein

Gut oder ein Übel ist. Sobald die Tugend beteiligt ist, hat alles gleiche Größe und gleichen Wert.

Da will mir nun einer die Augen auskratzen, der die Gesinnung aller nach seiner eigenen beurteilt, weil ich etwa behaupte, ein tugendhafter Richter sei so viel wert wie ein tugendhafter Angeklagter, oder ein Triumphator stehe in seinem wahren Wert nicht über dem, der ungebrochenen Geistes als Besiegter seinem Wagen vorangeht. Solche Leute meinen nämlich, was sie nicht fertigbrächten, könne niemals geschehen, und sie beurteilen die Tugend nach ihrer eigenen Schwäche.

Was findest Du Wunderliches dabei, wenn einer Gefallen daran hat, ja bisweilen sogar einverstanden ist, daß man ihn brenne, verwunde, feßle, ja töte? Für den Schwelger ist Mäßigkeit schon eine Strafe; dem Faulen gilt die Arbeit schon als Todesstrafe, dem Verzärtelten jede Anstrengung schon als Katastrophe, dem Trägen bedeutet jede Mühe eine Marter. Und genauso halten wir alles, wozu wir zu schwach sind, für hart und untragbar und vergessen, wie viele schon wie unter einer Folter stöhnen, wenn sie auf Wein verzichten müssen oder wenn man sie schon bei Sonnenaufgang weckt. Solche Dinge sind aber nicht von Natur aus schwer, sondern wir sind kraftlos und entnervt. Große Dinge darf man nicht mit einem kleinlichen Geist beurteilen, sonst übertragen wir auf sie unsere eigene Unzulänglichkeit.

So erscheint ja auch etwas durchaus Gerades krumm und gebrochen, sobald man es ins Wasser hält. Es kommt also nicht nur darauf an, was man sieht, sondern wie man es sieht; unser Geist ist zu sehr in Nebel gehüllt, um die Wahrheit zu schauen. Stelle Dir einen unverdorbenen jungen Mann vor von aufgeschlossenem Geist; er wird sagen, daß ihm der Mensch glücklicher erscheine, der alle Lasten eines widrigen Schicksals mit starkem Nacken erträgt und über sein Schicksal erhaben ist. Es ist nichts Besonderes dabei, inmitten ruhiger Verhältnisse die Ruhe zu bewahren; es verdient aber Bewunderung, wenn einer sich aufzurichten vermag, wo alle niedergeschlagen sind, wenn er steht, wo alle am Boden liegen. Was ist denn eigentlich Übles an Martern und allem, was wir als widrig bezeichnen? Ich glaube, es ist dies, daß der Geist darunter leidet, daß er sich beugen und überwältigen läßt. Nichts davon kann aber einem Weisen passieren. Er steht aufrecht unter einer jeden Last; nichts von alldem, was ihm zugemutet wird, macht ihn betroffen. Denn er klagt nicht darüber, daß über ihn kam, was über einen jeden Menschen kommen kann. Er kennt seine Kräfte und weiß, daß er geboren ist, um Lasten auf sich zu nehmen.

Ich nehme den Weisen nicht aus der Zahl der Menschen heraus und behaupte nicht, er spüre so wenig einen Schmerz wie ein gefühlloser Stein; ich weiß sehr wohl, daß er aus zwei Teilen besteht, deren einer vernunftlos ist und Bisse und Feuer spürt und Schmerz empfindet; der andere aber besitzt Vernunft und hat unerschütterliche Ansichten, ist frei von Furcht und läßt sich nicht zu Boden zwingen. In ihm ruht jenes höchste Gut der Menschen. Bevor es vollendet ist, schwankt der Sinn unstet hin und her; sobald es aber zur Vollendung gelangt ist, herrscht eine unerschütterliche und sichere Festigkeit.

Wer daher erst begonnen hat, sich der Tugend verehrend zu nahen, wer noch im Fortschreiten zum Höchsten erst begriffen ist – mag er dem höchstvollendeten Gute auch schon nahe sein, den letzten Schritt zu ihr hat er noch nicht getan. Bisweilen wird er sogar einen Schritt zurück tun und wird in der Anspannung seines Geistes etwas nachlassen; denn er ist ja noch im Ungewissen befangen und bewegt sich noch immer auf schlüpfrigem Boden. Der Glückliche aber, dessen Tugend vollendet ist, ist dann mit sich am besten zufrieden, wenn er mutig die Probe bestanden hat und das, was anderen furchtbar erscheint, nicht nur zu tragen weiß, sondern es geradezu begehrt, wenn es der Preis irgendeiner sittlichen Pflicht ist; und er will über sich lieber sagen hören: »Er ist um soviel besser« als »er ist um soviel glücklicher«.

Nun komme ich zu dem Punkt, wohin mich Deine Erwartung drängt: Daß es nicht so scheine, als bewege sich die Tugend außerhalb der Natur der Dinge, so behaupte ich, daß der Weise zittere, Schmerz empfinde und vor Schreck erbleiche. Denn all das sind ja körperliche Empfindungen. Wo also hat das Unglück seinen Anfang? Wo ist denn jenes wirkliche Übel zu suchen? Nun, dort eben, wo jene Empfindungen den Geist erniedrigen, wo sie ihn zum Geständnis seiner Knechtsnatur zwingen und ihm Unbehagen über sich selbst verursachen.

Der Weise dagegen meistert sein Schicksal vermittels der Tugend . . . »Und doch«, so wendet man ein, »haben sich viele, die sich zur Weisheit bekennen, bisweilen durch die kümmerlichsten Drohungen in Unruhe versetzen lassen.« Hier liegt aber der Fehler auf unserer Seite, da wir von einem Anfänger das gleiche erwarten wie von einem vollendeten Weisen. Ich bin immer noch in dem Zustand, wo ich mich zu dem überrede, was ich als löblich ansehe, wo mir dies aber noch nicht völlig gelungen ist. Und wenn es mir gelungen wäre, so stünde es mir noch nicht in dem Maße zu Gebote, und ich wäre darin noch nicht so geübt, daß ich es in jedem Falle sicher anwenden könnte.

Wie die Wolle gewisse Farben gleich aufs erstemal annimmt, während sie für andere Farben zuerst gewalkt und gekocht werden muß, so verhält sich auch der Geist anders, sobald er die Weisheit in sich aufgenommen hat; diese erfüllt keine der auf sie gesetzten Erwartungen, wenn sie nicht ganz tief eingedrungen ist, wenn sie sich nicht seit langem eingenistet hat und wenn sie den Geist nur oberflächlich benetzte, statt ihn durch und durch zu tränken.

All dies läßt sich rasch mit ganz kurzen Worten zur Lehre formen: Das einzige Gut ist die Tugend, jedenfalls gibt es keines ohne sie; und diese Tugend hat ihren Sitz in unserem besseren Teil, das heißt, im Bereich der Vernunft. Was nun aber ist denn diese Tugend? Ein wahres und unabänderliches Urteil; denn daraus kommen alle Willensregungen und von ihm wird jedes den Willen bestimmende Wunschbild zu letzter Klärung gebracht.

Entsprechend diesem Urteil wird man alle Dinge, die aus guter Gesinnung entspringen, für gut und einander gleichwertig ansehen müssen. Körperliche Güter sind zwar für den Körper gut, im ganzen jedoch sind sie es nicht. Es wird ihnen wohl ein gewisser Wert zukommen, aber keine Würde. Sie werden untereinander sehr verschieden sein, es wird kleinere und größere geben. Wir werden auch einräumen müssen, daß es unter den Jüngern der Weisheit große Unterschiede gibt. Der eine ist bereits so weit, daß er dem Schicksal frei ins Auge zu blicken wagt, freilich noch nicht unverwandt, denn der allzu helle Glanz blendet ihn noch; ein anderer vermag bereits Aug in Aug mit ihm zu verharren, denn er hat ja schon das Höchste erreicht und kann sich völlig vertrauen.

Was noch unvollkommen ist, muß notwendigerweise schwanken und bald einen Schritt vorwärts tun, bald straucheln und fallen, und zwar dann, wenn es nicht beharrlich nach vorwärts drängt.

Wer in seinem Streben und in seinem treuen Bemühen auch nur ein wenig nachläßt, muß zurückfallen. Niemand kommt an der Stelle vorwärts, wo er sein Bemühen aufgegeben hat.

Wollen wir also stark und beharrlich unseren Weg gehen! Ein größeres Stück, als wir es hinter uns haben, liegt noch vor uns;

aber der Wille zum Fortschritt ist schon ein guter Teil des Fortschritts selbst.

Darüber bin ich mir völlig klar: ich will, und zwar will ich von ganzem Herzen. Ich sehe aber, daß auch Du von diesem Willen gepackt bist und mit großem Anlauf Deinen Idealen zueilst. Ja, wir wollen es eilig haben. Denn so erst wird für uns das Leben ein Wert, während es im anderen Falle, wenn wir dem Bösen verhaftet bleiben, nur ein wertloses, ja schnödes Verweilen auf Erden bedeutet.

Wollen wir darnach streben, daß die Lebenszeit ganz uns gehöre! Sie wird es aber nicht, wenn wir nicht zuvor beginnen, uns selbst zu gehören.

Wann wird es uns gelingen, all unseren Leidenschaften Herr zu werden, sie unter unseren Willen zu zwingen und dann ausrufen zu können: Der Sieg ist unser!? Du fragst, worüber dieser Sieg errungen sein soll? Nun, nicht über die Perser, auch nicht über die fernen Mederstämme und was sonst noch an kriegerischen Völkern jenseits der Daker wohnt, sondern über die Habsucht, über den Ehrgeiz, über die Todesfurcht, die sogar über die Besieger der Völker triumphiert! Lebe wohl!

Es gibt ein wahres Gut – die Tugend.

Brief 74

Dein Brief hat mich gefreut und hat mich aus meiner Schlaffheit aufgerüttelt; auch meinem Gedächtnis, das schon etwas schwerfällig und langsam geworden ist, hat er nachgeholfen.

Gewiß, mein Lucilius, hältst auch Du für das beste Mittel zur Erlangung eines echten Glücks die Überzeugung, daß das einzige Gut das Sittlichgute ist. Denn wer andere Dinge für Güter hält, gerät in die Gewalt des wandelbaren Glücks und fällt damit fremder Willkür anheim, während derjenige, für den alles Gute mit dem Sittlichguten identisch ist, sein Glück durch und bei sich selbst findet.

Da gibt es welche, die den Verlust ihrer Kinder betrauern, andere sind besorgt ob deren Erkrankung, wieder andere beklagen, daß sie sich schlecht benehmen und den einen oder anderen Schimpf hinnehmen mußten. Du kannst erleben, wie den einen die Liebe zu einer fremden Frau peinigt, während einem anderen die Liebe zur eigenen Gattin zu schaffen macht. Wieder andere gelangen durch eine fehlgegangene Bewerbung aus dem Gleichgewicht – oder es wird ihnen eben das erlangte Amt zur Qual.

Weitaus am größten aber ist im ganzen Menschengeschlecht die Zahl jener Bedauernswerten, die sich durch die Erwartung des Todes, den sie allenthalben um sich sehen, beunruhigen lassen; es gibt ja tatsächlich keinen Ort, wo er sich nicht bemerkbar machte. Deshalb müssen sie sich wie Soldaten im Feindesland nach allen Seiten sichern und den Nacken jedem Geräusch zuwenden. Solange aber diese Furcht nicht aus dem Innern gebannt ist, lebt man nur mit ängstlich pochendem Herzen.

Wir werden Menschen begegnen, die aus dem Vaterland verstoßen und all ihrer Habe beraubt sind, oder solchen, die inmitten ihres Reichtums bitter arm sind – fürwahr, die schlimmste Armut, die sich denken läßt; wir werden Schiffbrüchige treffen oder Leute, die Ähnliches durchzumachen hatten, die entweder die Wut des Volkes oder der Neid, dieses gerade für die Besten so gefährliche Geschoß, inmitten ihrer ahnungslosen Sicherheit wie ein Sturmwind traf, der oft gerade dann hereinbricht, wenn man fest mit heiterem Himmel rechnet – wie ein plötzlicher

Blitzschlag, der das Land weithin erbeben läßt. Denn wie in diesem Falle jeder, der in unmittelbarer Nähe stand, betäubt wird wie der Getroffene selbst, so trifft bei der Einwirkung irgendwelcher äußeren Gewalt den einen diese selbst, die übrigen aber die Furcht vor ihr, und die Möglichkeit, ein Gleiches erleiden zu müssen, macht sie gleich betroffen wie die, über die das Unheil schon hereinbrach.

Plötzliche Unglücksfälle, die über andere kommen, verbreiten eine allgemeine Angst. Wie die Vögel schon das Schwirren der leeren Schleuder erschreckt, so lassen wir uns nicht nur von einem wirklichen Schlag, sondern schon allein von einem Geräusch aufscheuchen. So kann denn niemand glücklich sein, solange er in einem solchen Wahn lebt. Denn es gibt kein Glück ohne Furchtlosigkeit, und jede Art von vermutetem Unheil macht das Leben zur Hölle.

Wer sich viel dem Wirken des Zufalls überläßt, schafft sich selbst viele und unerschöpfliche Ursachen zur Störung seiner Ruhe. Nur ein einziger Weg führt zur Sicherheit: die äußeren Dinge gering achten und sich mit dem Sittlichguten begnügen. Denn wer etwas anderes für besser erachtet als die Tugend und außer ihr irgendein Gut sieht, der öffnet sein Herz für das Füllhorn Fortunas – und muß ängstlich ihrer Geschosse gewärtig sein.

Du mußt Dir das so vorstellen, wie wenn die Glücksgöttin ein Spiel veranstaltet und über die Menge der Sterblichen Ehren, Reichtümer und Gunst ausschüttet, einiges davon fällt den Händen derer zum Opfer, die sich darum raufen, anderes wird in unehrlicher Freundschaft verteilt, wieder anderes gerät in die Hände solcher, denen es nur schlimmen Schaden bringt. Manches davon fällt Leuten zu, die nichts damit zu tun haben wollen, manches wiederum geht rasch verloren, weil sich einer allzu heftig darauf stürzt, oder es entschwindet unter dem gierigen Zugriff. Keiner aber wird sich – falls ihm der Raub gelungen – lange seiner Beute freuen.

Daher verläßt der Weise das Theater, sobald er sieht, daß Geschenke verteilt werden, weiß er doch, daß solche Kleinigkeiten teuer zu stehen kommen. Niemand aber belästigt ihn beim Hinausgehen, keiner stößt ihn, nur um den Bettellohn balgt man sich. Genauso ist es mit den Dingen, die einem das Glück von oben zuwirft. Wir Kümmerlinge geraten dabei in Leidenschaft, lassen uns hin- und herreißen, wollen gleich viele Hände haben und starren gebannt einzig auf das Füllhorn des Glücks. Wir meinen schon, die Reizmittel unserer Begierden fielen uns zu langsam zu, da sie, von allen begehrt, nur wenigen zuteil werden. Wir wollen dem niedergehenden »Segen« entgegeneilen und freuen uns, wenn wir etwas an uns reißen konnten, während andere vergeblich darauf hofften. Und für die magere Beute müssen wir durch schweren Schaden büßen: Entweder wir werden betrogen, oder wir betrügen andere . . .

Halten wir uns also immer von solchen Spielen fern und überlassen wir unseren Platz den Raufbolden! Mögen sie unverwandt auf jene fragwürdigen Güter blicken und dabei selbst zusehends unsicher werden! Wer sich das echte Glück zum Ziel setzte, sehe im Sittlichguten das einzige Gut! Denn wenn er etwas anderes dafür hält, so urteilt er vor allem ungerecht über die Vorsehung, da rechtschaffene Menschen viel Unglück hinnehmen müssen und weil ja alles, was sie uns zumutet, nur von kurzer Dauer und belanglos ist, verglichen mit der Dauer der ganzen Schöpfung. Von der ewigen Klage darüber kommt es, daß wir das göttliche Walten undankbar beurteilen.

Wir klagen, daß uns nicht zu jeder Zeit Güter in den Schoß fallen und wenn, dann nur wenige und ungewisse und solche, die schnell wieder vergehen. Und dies ist der Grund, daß wir weder leben noch sterben wollen; für das Leben kennen wir nur Haß, für den Tod nur Furcht! Jeder Entschluß zerrinnt uns, und kein Glückszustand vermag uns zu sättigen. Schuld daran ist aber die Tatsache, daß wir noch nicht in den Besitz jenes grenzenlosen und absoluten Gutes gelangt sind, bei dem all unser Wollen notwendigerweise ein Ende finden muß, da es über das Höchste hinaus nichts mehr gibt.

Du willst wissen, wieso die Tugend keinerlei Bedürfnis kennt. Nun, sie freut sich über das Gegenwärtige und begehrt nicht, was nicht zugegen ist. Für sie ist alles groß genug, da es ihr genügt. Sobald Du diesen Standpunkt aufgibst, gibt es keine Rechtschaffenheit mehr und keine Treue. Denn wer diese Tugenden beide bewähren will, muß sich viel gefallen lassen von dem, was man Übel nennt, und er muß auch vieles von dem aufgeben, dem wir anhangen, als wären es Güter.

Da ist es vorbei mit dem Mut, der sich in der Gefahr bewähren muß, vorbei mit jener Hochherzigkeit, die nur dann sich entfalten kann, wenn sie alles für belanglos hält, worin die Masse ihr Höchstes sieht; dahin ist auch alle Dankbarkeit, und kein Finger rührt sich, um Dank zu erstatten, wenn wir uns um die Mühe drücken, wenn wir etwas Wertvolleres kennen als die Treue, wenn wir nicht nach dem absolut Guten trachten.

Doch um davon nicht zu reden: Entweder sind es keine Güter, was man so bezeichnet, oder der Mensch ist glücklicher als Gott, weil Gott das, was uns teuer ist, überhaupt nicht braucht. Denn für ihn bedeutet weder die Wollust etwas noch üppige Gastmähler, nicht Reichtum noch irgend etwas von alldem, was den Menschen verführerisch lockt und ihn am Gängelband nichtiger Lüste führt. Daher kann man entweder glauben, Gott entbehre der Güter, oder man kann eben darin einen Beweis dafür sehen, daß es sich um keine Güter handle, da sie Gott nicht besitzt. Nun bedenke noch, daß manches, was für ein Gut gelten will, den Tieren in reicherem Maße zuteil wird als den Menschen. So nehmen sie etwa ihre Nahrung viel gieriger auf, und der Liebesgenuß läßt sie nicht so erschlaffen wie den Menschen; ihre Kräfte sind stärker und weniger anfällig. Und daraus folgt, daß sie viel glücklicher sind als die Menschen. Denn sie leben ja ohne Bosheit, ohne Trug; sie geben sich der Lust hin, die sie tiefer auszuschöpfen vermögen und müheloser, da sie weder Scham noch Reue beschwert. Nun überlege, ob man das als ein Gut bezeichnen darf, worin die Menschen Gott überlegen sind!

Das höchste Gut wollen wir auf das Geistige beschränken! Es verliert seinen Wert, sobald es von unserem besten Teil übergeht zum mindesten und an die Sinne übertragen wird, die bei den stummen Tieren lebendiger sind! Wir dürfen die Summe unseres Glücks nicht im Fleische suchen. Einzig die Vernunft ist es, die echte Güter schafft, feste, unvergängliche; sie können nicht vergehen, ja, nicht einmal abnehmen oder sich mindern. Alle übrigen »Güter« existieren nur in der Einbildung, und sie haben wohl mit den wirklichen Gütern den Namen gemein, doch haben sie nichts von dem an sich, was ein echtes Gut ausmacht. Man mag sie daher als »Vorteile« bezeichnen oder – um es in unserer Sprache zu sagen – als Dinge, denen man gegenüber geringeren den »Vorzug« gibt.

Übrigens müssen wir wissen, daß es sich dabei um Dinge handelt, die in unserem Dienst stehen, nicht etwa um Teile unser selbst; sie mögen wohl mit uns und um uns sein, jedoch so, daß wir uns der Distanz bewußt bleiben. Und auch wenn sie bei uns sind, sollen wir sie zu den untergeordneten und niederen Dingen rechnen, deren sich keiner rühmen darf. Denn es gibt wohl keine größere Torheit, als wenn man sich darauf viel zugute tut, was man nicht selbst geschaffen hat. Derlei Dinge mögen alle an uns herankommen, aber nicht an uns festhaften, damit sie, wenn man sie uns entreißt, ohne Wunden zu hinterlassen, sich von uns lösen.

Wir wollen uns ihrer bedienen, aber nicht uns mit ihnen brüsten, und zwar wollen wir sie nur in dem Maß benützen, als ob sie uns nur anvertraut wären und uns wieder verlassen würden. Jeder, der sich ihrer vernunftlos bedient, kann sich ihrer nicht lange freuen; denn das Glück selbst verursacht Unbehagen, wenn man es nicht in seine Schranken weist. Wer so flüchtigen Gütern vertraut, wird sich bald verlassen sehen, und wenn nicht verlassen, so doch betrübt. Wenigen ward es gestattet, sich sanft von ihrem Glück zu trennen; die anderen stürzten zugleich mit dem, worüber sie emporragten, und eben das, was sie emporgehoben hatte, drückte sie nun zu Boden.

Daher wird man es mit der Klugheit halten, die einem maßvolle Sparsamkeit auferlegt, weil Maßlosigkeit ihre Mittel rasch verbraucht und weil das Maßlose nie von Dauer ist, wenn ihr nicht die Vernunft die Zügel der Mäßigung anlegt.

Am Schicksal vieler Städte kann man dies beobachten, deren Machtfülle mitten in der üppigsten Entfaltung dahinsank, wobei alles, was Tatkraft geschaffen hatte, durch Maßlosigkeit zusammenstürzte. Gegen solche Wechselfälle müssen wir uns vorsehen, doch ist keine Mauer für das Schicksal unbezwinglich; im Innern müssen wir stark sein. Herrscht hier Sicherheit, so kann man am Menschen wohl rütteln, doch überwältigen kann man ihn nicht. Du möchtest wissen, wie man sich in solcher Weise rüsten kann? Nun, der Mensch darf über nichts, was ihm begegnet, unwillig werden, und er muß davon überzeugt sein, daß eben das, was ihm Wunden zu schlagen scheint, nötig ist, um das Ganze zu erhalten, daß es zu den Dingen gehört, die den Lauf der Welt und die ihr zugemessene Aufgabe vollenden.

Dem Menschen soll alles gefallen, was Gott gefällt: Nur deshalb staune er über sich selbst und über alles, was an ihm ist, weil er unbesiegbar ist, weil er alle Übel selbst unter seiner Herrschaft hält, weil er durch die Vernunft, die die größte Macht besitzt, Herr geworden ist über den Zufall, über den Schmerz, ja über das Unrecht.

So liebe also die Vernunft! Denn die Liebe zu ihr wird Dich gegen die härtesten Schicksale wappnen. Wilde Tiere jagt die

Liebe zu ihren Jungen in den Spieß des Jägers, und dabei macht sie ihre Wildheit und ihre ungestüme Triebhaftigkeit unbezwinglich. Jugendliche Herzen lassen sich zuweilen durch die Gier nach Ruhm dazu bringen, Feuer und Schwert zu trotzen; schon der bloße Schein, ja ein Schatten der Tugend veranlaßt manche zu einem freiwilligen Tod. Je mutiger, je sicherer nun die Vernunft ist als all dies, um so großartiger wird sie Siegerin über alle Schrecknisse und Gefahren.

Nun sagt man, ihr erreichtet nichts mit der Behauptung, es gebe außer dem Sittlichguten kein anderes Gut; eine solche Sicherung wird euch gegen das Schicksal nicht unangreifbar und nicht frei machen. Ihr behauptet ja, brave Kinder, eine sittlich hochstehende Vaterstadt und gute Eltern seien unter die Güter zu rechnen. Ihre Gefahren nun machen euch Sorge; die Belagerung der Vaterstadt, der Tod der Kinder, die Sklaverei der Eltern wird euch in Unruhe bringen. Was denen gegenüber zu unseren Gunsten gewöhnlich geantwortet wird, will ich beiseite lassen, dann aber hinzufügen, was meiner Ansicht nach außerdem noch geantwortet werden kann. Anders verhält es sich mit den Dingen, die, wenn man sie uns nimmt, einen Ersatz an ihre Stelle treten lassen, zum Beispiel die Gesundheit, die, wenn sie Schaden leidet, zu Krankheit wird, oder die verlorene Sehkraft, die uns in den Zustand der Blindheit versetzt; schneidet man vollends die Kniekehle durch, so geht dadurch nicht nur die Schnelligkeit verloren, sondern Gelähmtheit tritt an ihre Stelle. Eine solche Gefahr aber besteht bei den Dingen nicht, von denen eben die Rede war. Warum? Gesetzt den Fall, ich habe einen treuen Freund verloren, so habe ich deshalb noch keine Treulosigkeit zu erleiden, und wenn ich gute Kinder zu Grabe geleiten mußte, so tritt nicht etwa Lieblosigkeit an ihre Stelle.

Außerdem handelt es sich dabei um keinen Verlust der Freunde oder Kinder, sondern nur um den ihrer Leiber. Ein Gut aber kann nur auf eine Weise verlorengehen, nämlich wenn es sich in ein Übel wandelt; solches duldet aber die Natur nicht, da jede Tugend und jedes aus ihr hervorgehende Werk unvergänglich bleibt. Gehen uns ferner auch Freunde verloren, meinetwegen auch brave Kinder, wie sie den Wünschen des Vaters entsprechen: Es gibt etwas, was ihre Stelle ausfüllen kann. Was dies sei, willst Du wissen? Das nämliche, was auch sie zu guten Menschen machte, die Tugend. Sie duldet keinen leeren Platz; sie erfüllt nun das ganze Herz, sie läßt die Sehnsucht nach allem schwinden; sie allein genügt; denn in ihr sind ja Wesen und Ursprung aller Güter begriffen. Was hat es zu bedeuten, ob man das fließende Wasser auffängt oder ob es wegläuft, wenn die Quelle, aus der es kam, rein bleibt? Du wirst nicht behaupten können, ein gerechteres Leben zu führen, ein geordneteres, ein weiseres oder gar ein tugendhafteres, wenn Du Deine Kinder noch besitzest, als etwa nach ihrem Verluste; also doch auch kein besseres Leben. Ein Kreis von Freunden um uns macht uns nicht weiser, ihre Abkehr nicht törichter, also auch nicht glücklicher oder ärmer; solange uns die Tugend bleibt, werden wir keinen Verlust spüren.

»Wieso? Ist der nicht glücklicher, der von einem Kreis von Freunden und Kindern umgeben ist?« Warum sollte er es sein? Das höchste Gut erfährt ja weder eine Verringerung noch eine Steigerung; es verharrt in seinem Maße, wie auch das Schicksal sich gebärden mag. Ob man ein hohes Alter erreicht, oder ob man sein Leben schon vor dem Greisenalter endet, das Maß des höchsten Gutes bleibt immer das nämliche, so verschieden lang auch die zugemessene Lebensspanne sein mag. Ob Du einen größeren oder einen kleineren Kreis ziehst, bezieht sich nur auf die Größe des Raumes, nicht aber auf die Form; mag der eine Kreis lange bestehen, magst Du den andern sofort wieder auslöschen und in dem Staub, in den er gezeichnet war, verwischen, die Form war bei beiden die nämliche. Was recht ist, läßt sich weder nach der Größe noch nach der Zahl, noch nach einer Zeitspanne messen; es läßt sich nicht verlängern, aber auch nicht verkürzen. Beschränke ein tugendhaftes Leben von der Zahl von hundert Jahren auf eine noch so kurze Dauer, ja, laß es auf einen Tag zusammenschrumpfen: es bleibt immer gleich der Tugend geweiht. Einmal verbreitet sich das Wirken der Tugend und gebietet über Königreiche, Städte und Provinzen, gibt Gesetze, pflegt Freundschaften, besorgt Pflichten gegenüber Verwandten und Kindern; ein andermal wird sie durch enge Grenzen umschlossen, Grenzen der Armut, Verbannung und Kinderlosigkeit, und doch ist sie nicht kleiner, wenn sie von einer hohen Stellung ins Privatleben herabsteigt, von königlicher Würde in niedrige Kreise absinkt, wenn sie aus dem weiten Felde öffentlichen Wirkens heraustritt, um sich auf die Enge eines Hauses oder eines Winkels zu beschränken. Sie ist immer gleich groß, auch wenn sie sich auf sich selbst zurückzieht, ausgeschlossen von allem. Um nichts weniger nämlich bleibt ihr Geist groß und erhaben, ihre

Weisheit vollendet und ihre Gerechtigkeit unwandelbar. Deshalb ist ihr inneres Glück auch stets gleich groß. Denn dieses Glück hat seinen Sitz nur an einem Orte, nämlich im Herzen selbst, und es ist erhaben, beständig und kann nicht gestört werden; aber ohne Kenntnis der göttlichen und menschlichen Dinge ist es nicht zu erreichen.

Nun aber meine eigene Antwort, wie ich sie schon in Aussicht stellte. Der Weise läßt sich durch den Verlust seiner Kinder und Freunde nicht in Trauer versetzen; er nimmt ihren Tod mit der gleichen Fassung hin, mit der er dem seinen ins Auge sieht. Er fürchtet diesen so wenig, wie er sich über jenen traurige Gedanken macht. Denn die Tugend besteht nur in der Übereinstimmung; all ihre Werke stimmen mit ihr überein, ja sie sind identisch mit ihr. Dieses Zusammenstimmen geht aber verloren, wenn sich das Herz, das doch darüber erhaben sein sollte, von Schmerz oder sehnsüchtigem Verlangen niederdrücken läßt. Jede Angst, jede Beklemmung und Wirrnis bei jeglichem Handeln ist unedel; denn das Sittlichgute kennt keine Sorge und keinen Vorbehalt, es ist unerschrocken und steht zum Kampfe bereit.

»Wie? Wird den Weisen nie etwas überkommen, was einer inneren Unruhe ähnlich wäre? Wird nie seine Farbe sich wandeln, wird sein Mienenspiel nie Unruhe verraten oder werden seine Glieder nie vor Frost zittern? ... und was sonst noch etwa nicht nach dem Willen der Seele, sondern durch irgendwelchen Naturtrieb auf unberechenbare Weise in uns vor sich geht?« Ja, natürlich; aber die Überzeugung des Weisen wird immer die gleiche bleiben, daß nichts von all diesen Dingen ein Übel ist und es verdiente, daß ein gesunder Geist sich dadurch erschüttern läßt. Alles, was zu tun ist, tut der Weise mutig und ohne Zögern. Denn es ist doch wohl ein Zeichen von Torheit, zaghaft und nur mit Murren das zu tun, was man tun muß, und Körper und Geist nach verschiedenen Richtungen streben zu lassen und zwischen den verschiedensten Bewegungen hin und her zu reißen? Denn der Tor macht sich eben durch jene Handlung, wegen deren er sich bewundert und erhebt, verächtlich; und nicht einmal das tut er gerne, womit er sich brüstet. Fürchtet man sich aber vor einem Übel, so wird man, indem man es erwartet, schon genauso bedrängt, wie wenn es schon eingetreten wäre, und wer sich davor fürchtet, etwas erleiden zu müssen, leidet schon allein durch seine Furcht. Denn wie an unserem Körper Zeichen der Mattigkeit einer Krankheit vorangehen — denn man spürt eine gewisse Abspannung der Nerven, eine Müdigkeit, ohne daß man sich anstrengt, eine Schläfrigkeit und einen Schüttelfrost in den Gliedern, genauso spürt auch ein schwacher Geist, schon geraume Zeit, ehe ihn das Übel erfaßt, ein Beben; er nimmt es vorweg und fällt ihm vor der Zeit zum Opfer.

Was aber ist törichter, als sich wegen der Zukunft zu ängstigen und sich nicht für das kommende Unheil bei Kräften zu halten, sondern das Unangenehme herbeizuholen und an sich zu ziehen, da man es doch viel eher wegschieben sollte, wenn es sich schon nicht verscheuchen läßt? Soll ich Dir beweisen, daß sich niemand durch die Zukunft ängstigen lassen soll? Keiner, der etwa hörte, er müsse nach fünfzig Jahren die Todesstrafe erleiden, läßt sich beunruhigen, wenn er nicht die Zwischenzeit überspringt und sich in ein Leiden versenkt, das ihn erst nach einem so langen Zeitraum treffen soll. Ebenso geschieht es zuweilen, daß Menschen, die sich gerne krank sehen und eifrig nach Ursachen des Mißbehagens suchen, am längst Vergangenen und Vergessenen eine solche Ursache zur Trauer finden. Aber sowohl das Vergangene wie das Künftige ist nicht gegenwärtig. Keines von beiden fühlen wir. Aber nur aus dem, was man fühlt, kann Schmerz entstehen. Lebe wohl!

Ohne Rücksicht auf Nutzen oder Schaden
muß man das höchste Gut auf jeden Fall begehren.

Brief 67

Um mit den allgemeinen Dingen zu beginnen: Der Frühling ist
ins Land gezogen, doch als er sich dem Sommer zuneigte, ist er
um eine Zeit, da er hätte heiß sein sollen, wieder kühler geworden, und immer kann man ihm noch nicht recht trauen, denn oft
stellt sich der Winter nochmals ein. Soll ich Dir sagen, wie wenig
man noch mit ihm rechnen darf? Immer noch nicht wage ich mich
ins kalte Wasser, sondern ich mildere irgendwie seine Kälte.
»Das will heißen«, so höre ich Dich sagen, »du willst weder von
der Hitze noch von der Kälte etwas wissen.« Richtig, mein Lucilius; mein Alter hat schon genug an seiner eigenen Kälte; kaum
mitten im Sommer taut es auf! Deshalb trage ich während des
größten Teils des Sommers warme Kleidung. Aber ich habe es
doch meinem Greisenalter zu danken, daß es mich ans Bett ge-
fesselt hat. Ja, warum sollte ich dafür nicht dankbar sein? Ist
mir doch auf diese Weise alles verwehrt, was ich nicht wünschen
darf!
    Am meisten unterhalte ich mich mit meinen Büchern. Erreicht
mich dann und wann einmal ein Brief von Dir, so glaube ich bei
Dir zu sein, und es ist mir, als ob ich Dir nicht schriftlich, sondern mündlich antwortete. So wollen wir denn auch Deine Frage
gemeinsam untersuchen, ganz so, als wären wir unmittelbar bei-
sammen.
    Du willst wissen, ob jedes Gut wünschenswert sei. »Wenn es«,
so argumentierst Du, »ein Gut ist, sich standhaft foltern zu
lassen, sich mutig brennen zu lassen und Krankheiten geduldig
hinzunehmen, so folgt, daß alles dies wünschenswert ist. Ich aber
sehe nichts dabei, was es verdiente, daß man es sich wünscht.
Jedenfalls kenne ich niemand, der sich den Göttern dafür dankbar erwiesen hätte, daß man ihn geißelte, daß ihn das Podagra
quälte oder daß man ihn auf der Folterbank ausstreckte.«
    Du mußt die Dinge genau unterscheiden, Lucilius, dann wirst
Du nämlich gewahr werden, daß freilich etwas an alldem ist,
was man sich wünschen sollte. Natürlich möchte ich mir Martern

vom Leibe halten, doch wenn ich sie schon einmal aushalten muß, so wird es mein Wunsch sein, sie standhaft, in Ehren und mit Mut zu bestehen. Wie sollte ich es nicht lieber wollen, daß es zu keinem Krieg komme; ist es nun aber einmal soweit, dann werde ich wünschen, Wunden, Hunger und jegliche Kriegsnot mit hohem Mute zu ertragen.

Ich bin nicht so verrückt, daß ich mich nach einer Krankheit sehnte; aber gilt es nun einmal, mit einer Krankheit fertig zu werden, so werde ich darnach streben, daß ich mich dabei in keiner Weise ungeduldig oder gar weibisch zeige.

So ist es denn nicht das Übel an sich, was man wünschen soll, wohl aber die Tugend, die uns in den Stand setzt, das Übel zu meistern. Einige von unseren Stoikern sind der Ansicht, es sei zwar nicht wünschenswert, daß man all jene Dinge standhaft ertrage, aber man dürfe es auch nicht hinwegwünschen; nach ihrer Meinung dürfen nämlich nur reine, unangefochtene und keiner Beschwerde ausgesetzte Güter Gegenstand unseres Wünschens sein. Ich für meine Person denke nicht so! Weshalb? Vor allem deswegen, weil ein Ding unmöglich gut und doch nicht wünschenswert sein kann; sodann, weil, wenn die Tugend wünschenswert ist, ohne Tugend aber kein Gut denkbar ist, auch jedes Gut wünschenswert sein muß. Außerdem, wenn es wünschenswert ist, Qualen mutig zu ertragen, so muß ich weiter fragen: Ist etwa auch der Mut selbst nicht wünschenswert? Und doch ist er es, der die Gefahr verachtet und sie sogar herausfordert; am wundervollsten aber bewährt er sich darin, daß er das Feuer nicht scheut, daß er Wunden nicht aus dem Wege geht, ja zuweilen sogar, statt sich vor Geschossen zu decken, diese mit seiner eigenen Brust auffängt. Wenn nun ein solcher Mut wünschenswert ist, dann muß es auch wünschenswert sein, Qualen geduldig ertragen zu können, denn dies gehört doch auch zum Mut.

Aber, wie ich schon sagte, halte die Dinge gut auseinander, dann wirst Du keinem Irrtum verfallen. Nicht daß man Qualen erdulde, muß man sich wünschen, sondern daß man sie mutig erdulde.

Nun fragst Du: »Wer hätte sich jemals schon solches gewünscht?« Es gibt Wünsche, die man offen ausspricht, nämlich dann, wenn sie einzelne Dinge zum Ziel haben; andere aber bleiben unausgesprochen, vor allem dann, wenn ein einziger Wunsch vieles umfaßt. Ich wünsche mir zum Beispiel ein Leben der

Tugend; dazu gehören aber sehr verschiedene Handlungsweisen, wie sie etwa der Folterkasten des Regulus kennzeichnet, Catos von eigener Hand aufgerissene Wunde, des Rutilius Verbannung, auch jener Giftbecher, der den Sokrates aus dem Kerker in den Himmel gelangen ließ. Wünsche ich mir also ein tugendhaftes Leben, so wünsche ich mir auch Dinge, ohne die es zuweilen gar nicht tugendhaft sein kann.

»O dreifach ihr und vierfach Glückliche, denen vergönnt war, einst vor Trojas ragenden Mauern vor den Augen der Väter zu sterben.«[32]

Was für ein Unterschied ist es, ob Du dies jemandem wünschest oder ob Du gestehst, daß es wünschenswert war? Ein Decius[33] weihte sich dem Tode für den Staat, er suchte den Untergang, gab seinem Pferde die Sporen und stürzte sich mitten unter die Feinde. Ein anderer Decius nach diesem eiferte der Tapferkeit seines Vaters nach und rannte in das dichte Gewühl der Feinde – man hatte eben die feierliche und der Familie schon vertraute Weiheformel gesprochen. Es ging ihm nur darum, ein segensreiches Opfer zu bringen; denn einen schönen Tod hielt er für wünschenswert. Kannst Du nach alldem noch daran zweifeln, daß es wirklich das Herrlichste ist, bei einem Werke der Tugend zu sterben und so in ewigem Andenken fortzuleben?

Erduldet jemand standhaft Qualen, so besitzt er vielleicht alle Tugenden, doch nur eine einzige verdient wohl den Preis und fällt am meisten auf: die Geduld. Übrigens tritt dabei auch der Mut in Erscheinung, von dem Geduld, Ausdauer und Leidensbereitschaft nur einzelne Teile darstellen. Auch die Klugheit zeigt sich, ohne die man keinen Entschluß faßt und die einem den Rat gibt, standhaft zu ertragen, was sich nicht umgehen läßt. Sodann tritt die Beharrlichkeit dabei hervor, die sich nicht von ihrem Platz drängen läßt und die ihr Ziel nicht aufgibt, sosehr sich die gegnerische Gewalt darum bemüht. Ja, das ganze untrennbare Gefolge der Tugenden stellt sich eben dabei vor. Was Edles auch geschieht, eine einzige Tugend vollbringt es, aber im Einklang mit allen anderen. Was aber von allen Tugenden gutgeheißen wird, ist wünschenswert, auch wenn es nur eine einzige zu tun scheint.

Wie, glaubst Du etwa, nur das sei wünschenswert, was einem im Gefolge von Lust und behaglicher Muße begegnet, was man an festlich geschmückter Pforte willkommen heißt? Nein, es gibt auch Güter, die uns ein trauriges Antlitz weisen, zu denen man nicht durch eine ganze Schar von Gratulanten feierlich beglückwünscht wird, deren Ruhm vielmehr nur von stillen Verehrern gefeiert wird.

So glaubst Du also nicht, Regulus[34] habe gewünscht, zu den Puniern zurückkehren zu dürfen? Nun, so denke einmal, Du besäßest die Seele dieses großen Mannes; entferne Dich für kurze Zeit von den Meinungen der Menge und erfasse so ganz, wie es die Sache erfordert, das Bild der Tugend in seinem herrlichen Glanze, der wir unsere Huldigung nicht mit Weihrauch und Blumenkränzen darbringen dürfen, sondern mit Schweiß und Blut! Sieh hin auf einen Marcus Cato[35], wie er seine so reine Hand an die heilige Brust führt und die Wunde aufreißt, die nicht tief genug gedrungen war. Wirst Du dann zu ihm sagen: »Ich wollte, es geschehe dir nach Wunsch!« und »ich habe Mitleid mit dir«, oder rufst Du ihm zu »Heil dir!«

Dabei muß ich wieder an unseren Demetrius[36] denken, der ein völlig sorgenfreies und von keinerlei Schicksalsschlägen heimgesuchtes Leben als ein »totes Meer« bezeichnet. Nichts vor sich zu haben, wozu man sich aufraffen und wofür man sich zusammennehmen muß, nichts, was durch seinen drohenden Ansturm die Festigkeit unserer Seele auf die Probe stellt, nur immer in ungestörter Ruhe dazuliegen, das hat nichts mit echter Ruhe zu tun, das ist ein Mangel an Leben.

Der Stoiker Attalus[37] pflegte zu sagen: »Ich will lieber, daß mich das Schicksal dort hinstellt, wo es etwas zu kämpfen gibt, statt an eine Stätte weichlicher Lust. Martern warten auf mich, aber ich nehme sie tapfer hin; es ist gut so!« Und vernimm Epikurs Stimme, der da spricht: »Süß ist es!« Ich aber möchte einem so ehrenvollen und verantwortungsschweren Handeln nicht eine so weichliche Bezeichnung geben.

Ich lasse mich brennen, aber unterliegen werde ich nicht dabei! Sollte dies nicht wünschenswert sein? Nicht etwa, weil das Feuer mich brennt, sondern weil es mich nicht bezwingt. Nichts ist heiliger als die Tugend, nichts erhabener; und gut ist alles, was auf ihr Geheiß geschieht. Lebe wohl!

Es gibt nur ein einziges wahres Gut.

Brief 66

Nach vielen Jahren bekam ich wieder meinen Mitschüler Claranus zu Gesicht; ich glaube, Du erwartest nicht, daß ich dazu sage »als alten Mann«, sondern ich traf ihn Gott sei Dank frisch und kräftig an Geist und in energischem Kampf mit seinem schwachen Körper. Die Natur meinte es ja nicht recht gut mit ihm und wies diesem hohen Geist eine armselige Wohnstätte an. Vielleicht aber wollte sie gerade das an ihm beweisen, daß sich eine reiche und starke Begabung hinter jeglicher Hülle verbergen kann. Er hat doch schließlich alle Schwierigkeiten überwunden und fand von der Verachtung seines Körpers den Weg zur Verachtung auch aller anderen Dinge. Deshalb scheint mir jenes Dichterwort nicht zuzutreffen von der Tugend, die »goldener noch blüht aus leiblicher Schönheit«. Denn sie hat es nicht nötig, daß man sie noch verschönert; sie selbst ist ja ihr größter Schmuck und heiligt auch den Körper. Wenigstens betrachte ich mehr und mehr meinen Claranus in dieser Weise: Er erscheint mir schön und so aufrecht an Körper, wie es seine Seele ist. Auch aus einer Hütte kann ein großer Mann hervorgehen und aus einem mißgestalteten und armseligen Körper eine schöne und große Seele.

So will mir scheinen, die Natur rufe gerade deshalb dann und wann solche Wesen ins Leben, um den Beweis zu liefern, daß die Tugend an jedem Ort gedeihe. Wäre sie imstande, die Seele allein ohne die Körperhülle hervorzubringen, sie hätte es getan. Nun aber tut sie noch mehr, sie läßt Seelen entstehen, die durch den Körper behindert werden und doch alle Schranken durchbrechen. Mir scheint, Claranus sei als Beispiel dafür geschaffen, daß wir an ihm lernen können, wie eine Seele durch die Mißgestalt des Körpers nicht etwa entstellt wird, sondern wie der Körper durch die Schönheit der Seele veredelt wird.

Obwohl unser Zusammensein nur wenige Tage dauerte, so konnten wir doch viele Gespräche führen, die ich nach und nach veröffentlichen und Dir übersenden will. Am ersten Tag ging es um die Frage: Wie können Güter einander gleich sein, wenn ihre Art eine dreifache ist?

Nach der Auffassung unserer Schule gibt es nämlich einige Güter, die den ersten Platz einnehmen, wie etwa die Freude, Liebe und die Wohlfahrt des Vaterlandes; sodann aber folgen welche an zweiter Stelle, solche, die an unglückliche Umstände gebunden sind – wie zum Beispiel die Geduld bei Martern und Gelassenheit bei schwerer Erkrankung. Die ersteren wünschen wir uns geradezu unbedingt, die anderen nur dann, wenn es nötig ist.

Es gibt auch noch eine dritte Gruppe von Gütern, zum Beispiel ein gemessener Gang, ein ruhiges, ehrliches Antlitz, eine Haltung, die sich für einen klugen Mann geziemt. Wie können nun diese Güter unter sich gleich sein, wenn die einen wünschenswert sind, während man die anderen sich vom Leibe halten muß? Wollen wir zu einem klaren Bilde kommen, so laß uns zu dem erstgenannten Gut zurückkehren und untersuchen, welcher Art es eigentlich ist.

Eine Seele, der es um das wahre Gut geht, die weiß, was man fliehen und was man anstreben muß, die den Wert der Dinge nicht nach willkürlicher Annahme, sondern nach ihrem Wesen bemißt, die sich als Glied des Alls fühlt und alle Ereignisse aus dem Blickpunkt des Alls mit geistigem Schauen begleitet, gleich bedacht aufs Denken wie aufs Handeln, eine Seele, so groß wie kraftvoll, gleich bewährt gegenüber den angenehmen wie den unangenehmen Dingen, die sich vor keinem Schicksal beugt und über alles erhebt, was ihr widerfährt, eine Seele, die Schönheit, Würde, Kraft und Besonnenheit verbindet mit Nüchternheit, Gelassenheit und Unverzagtheit, die sich von keiner Gewalt brechen, von keinem Zufall erheben, aber auch nicht niederdrücken läßt... eine solche Seele ist die Tugend. Dies ist ihre Gestalt, wenn man sie im ganzen schauen könnte und wenn sie sich mit einem Male in vollem Umfang zeigte. Aber sie hat viele Gestalten, die sich entsprechend der Vielfalt des Lebens und Tuns der Menschen entfalten, ohne daß sie selbst dabei kleiner oder größer würde. Denn kleiner werden kann das höchste Gut nicht, und die Tugend kann sich nicht rückwärts bewegen. Doch wandelt sie sich in ständig wechselnden Formen, indem sie sich dem Gegenstand angleicht, auf den ihr Wirken gerichtet ist. Was sie auch berührt, macht sie sich ähnlich und teilt ihm ihre Farbe mit; Handlungen, Freundschaften, ja ganzen Häusern, die sie ordnend betritt, gibt sie Anteil an ihrer Zier. Was in ihre Hand gerät, macht sie liebenswert, erhaben, ja wunderbar. Deshalb kann sie ihre Kraft und ihre Größe nicht mehren; denn das Höchste läßt sich nicht steigern.

Nichts wird sich finden, was gerader ist als das Gerade, was wahrer ist als die Wahrheit, was maßvoller ist als das Maß. Jegliche Tugend beruht ja auf dem Maß, doch dieses wiederum beruht auf einer festen Zahl. Die Standhaftigkeit läßt sich nicht steigern, sowenig wie das Vertrauen, die Wahrhaftigkeit und die Echtheit. Was läßt sich dem Vollkommenen noch hinzufügen? Nichts, oder es ist eben nicht das Vollkommene, wenn sich wirklich noch etwas hinzutun ließ. Und so läßt sich auch der Tugend nichts hinzufügen, die eben noch nicht die Tugend war, wenn man ihr noch etwas anfügen konnte. Auch das Sittlichgute kennt keine Steigerung, denn es ist ja erst aus den Gründen, die ich anführte, das Sittlichgute.

Und weiter: Steht es nicht ebenso mit dem Geziemenden, mit dem Gerechten, mit dem, was dem Gesetze entspricht? Glaubst Du nicht, daß es innerhalb seiner ihm gesteckten Grenzen immer die gleiche Gestalt besitzt?

Jede Möglichkeit des Wachsens ist ein Zeichen des Unvollendeten. Für alles Gute gelten die gleichen Gesetze. Bei Gott, das Wohl des einzelnen ist mit dem des Ganzen nicht weniger verknüpft, als das Lobenswerte mit dem Begehrenswerten unzertrennlich verbunden ist. Folglich sind die Tugenden untereinander gleich und genauso die Werke der Tugend und alle Menschen, mit denen sie zu tun haben. Die Vorzüge der Pflanzen und Tiere aber sind, da sie sterblich sind, auch zerbrechlich, hinfällig und unsicher. Sie steigen auf und gehen wieder zurück, und ihr Wert ist daher nicht unveränderlich.

Für die menschliche Tugend gibt es nur eine einzige Richtschnur; denn die rechte Vernunft ist nur eine einzige und eine einfache. Nichts ist göttlicher als das Göttliche, nichts himmlischer als das Himmlische. Sterbliches schwindet dahin, fällt, nützt sich ab, wächst wieder, erschöpft sich und erneut sich wieder. In solcher Unbeständigkeit muß es den Stempel des Veränderlichen, Ungleichen tragen. Das Göttliche jedoch hat nur eine einzige Natur. Die Vernunft aber ist nichts anderes als ein in den menschlichen Körper versenkter Teil des göttlichen Geistes.

Wenn nun die Vernunft göttlich ist und wenn es kein Gut ohne die Vernunft gibt, so sind alle Güter göttlich. Außerdem gibt es unter den göttlichen Dingen keinen Unterschied, also auch nicht unter den Gütern. Demnach sind zum Beispiel Freude und Standhaftigkeit bei der Folter einander gleich, denn beide Male handelt es sich um die gleiche Seelengröße, nur betätigt sie sich in einem Fall still und heiter, im anderen Falle in mühevollem Kampfe. Nicht wahr, Du hältst doch auch die Tapferkeit dessen, der mutig die feindliche Mauer stürmt für ebenso groß, wie dessen Mut, der die Belagerung geduldig zu ertragen weiß?

Groß ist Scipio[38], der um Numantia einen Ring legt, ihn enger und enger zieht und die Hände der Unbesiegten zur eigenen Vernichtung zwingt, groß aber ist auch der Mut der Belagerten, der sich dessen bewußt ist, daß es für den keine Umzingelung gibt, dem der Tod frei steht und der in den Armen der Freiheit sein Leben aushaucht. Ebenso sind die anderen Güter einander gleich, die Seelenruhe, die Schlichtheit, die Freigebigkeit, die Standhaftigkeit, der Gleichmut und die Geduld; denn ihnen allen liegt die gleiche Tugend zugrunde, die der Seele ihren geraden und unveränderlichen Kurs verleiht.

»Wie? So sollte kein Unterschied zwischen der Freude und der unerschütterlichen Geduld im Ertragen von Schmerzen bestehen?« Nein, nur soweit es sich um die Tugenden als solche handelt, ein gewaltiger aber in der Art, wie sich die beiden Tugenden äußern; denn im einen Fall tritt eine natürliche, ruhige Gelassenheit, ja eine Gleichgültigkeit in Erscheinung, im andern aber ein Schmerz, der der Natur widerstreitet. Dies also sind Dinge, die nach keiner Seite neigen und einen großen Zwischenraum lassen; die Tugend aber ist in beiden Fällen die gleiche. Die Tugend wird durch den Stoff nicht geändert; ein harter und schwer zu formender Stoff macht sie nicht schlechter, aber ein freundlicher und freudiger macht sie auch nicht besser; so muß sie sich also gleichbleiben; denn beide Male geschieht das, was geschieht, in gleichermaßen gerechter, vernünftiger und sittlich hochstehender Form. Deshalb müssen beide Güter einander gleich sein. Es kann sich nämlich weder der eine bei seiner Freude besser benehmen noch der andere bei seinen Foltern; zwei Dinge aber, an denen sich nichts bessern läßt, sind gleichwertig. Denn wenn das, was außerhalb der Tugend liegt, diese mindern oder mehren kann, dann hört ja das Sittlichgute auf, das einzige Gute zu sein, und wenn Du dies zugeben mußt, dann muß man das Sittlichgute überhaupt aufgeben. Wieso? Ich will es Dir sagen: Weil nichts sittlich gut sein kann, was einer nur gezwungenermaßen tut.

Alles Sittlichgute muß nämlich freiwillig geleistet werden. Laß noch Trägheit am Guten Anteil haben oder Klagen, Drückebergertum und Furcht, so ist das Beste dahin, was es an sich hat, nämlich daß es vor sich selbst bestehen kann.

Es gibt nichts Sittlichgutes, was nicht frei geschieht; Furcht bedeutet Knechtschaft. Alles Gute ist ruhig und sorglos; wenn es etwas zurückweisen muß, wenn es zu klagen hat, etwas als schlimm erklärt, gibt es der Unruhe Raum und gerät in Zwiespalt mit sich selbst. Denn einerseits fühlt es sich vom Bild des Guten angezogen, anderseits läßt es sich durch die Besorgnis über das Schlechte zurückhalten. Wer also sittlich gut handeln will, soll nichts als ein Übel ansehen, was ihm dabei in den Weg tritt, auch wenn er es als unangenehm empfindet; er soll es vielmehr mit Willen und mit Freuden tun.

Alles Sittlichgute ist fern jedem Befehl, jedem Zwang; es ist lauter und von keinem Übel getrübt. Ich kenne die mögliche Antwort hierauf: »Wie, du getraust dich, uns davon zu überzeugen, es sei kein Unterschied, ob sich einer im Zustande der Freude befinde, oder ob er auf die Folterbank gestreckt sei und seine Peiniger müde mache mit seiner Geduld.« Ich wüßte darauf zu sagen: »Auch ein Epikur behauptet, der Weise werde, selbst wenn man ihn im Stier Phalaris brate, ausrufen: »Angenehm ist es, und ich spüre nichts!« Weshalb bist Du also verwundert, wenn ich behaupte, es sei ein gleichwertiges Gut, ob sich einer zum Gastmahle ausstrecke oder ob er sich unerschrocken der Folter stelle, wo doch, was noch viel unglaublicher ist, von Epikur das Wort stammt, es sei etwas Süßes, sich sengen zu lassen? Und doch muß ich darauf bestehen, daß ein großer Unterschied ist zwischen Freude und Schmerz. Sollte mir die Wahl zwischen beiden möglich sein, so würde ich die Freude wählen und den Schmerz meiden. Denn jene entspricht der Natur, dieser aber steht ihr entgegen. Solange man beides so beurteilt, sind es grundverschiedene Dinge; geht aber die Frage um die Tugend, so ist sie in beiden Fällen gleichermaßen vorhanden, mag sie in Freuden oder in Schmerzen einherwandeln. Sie bleibt unberührt von Qualen, von Schmerzen und von allem Ungemach; denn die Tugend wird mit alldem fertig. Wie das Leuchten der Sonne die schwächeren Lichtquellen verdunkelt, so macht die Tugend durch ihre Erhabenheit alle Schmerzen, alle Mühsale und Kränkungen unwirksam und zunichte, und wohin ihre Strahlen dringen, bringt sie alles zum Erlöschen, was zuerst ohne sie sichtbar ward. Und alles Ungemach, was auf die Tugend hereinbricht, bewirkt nicht mehr als ein Platzregen, der ins Meer fällt.

Um Dir zu zeigen, daß dem so ist, wird der Mann, der die Tugend sein eigen nennt, nicht zögern, jegliche schöne Tat zu wirken. Mag der Henker, mag der Folterknecht mit dem Feuerbrand danebenstehen, er wird ausharren und wird nicht darauf achten, was er zu ertragen hat, er wird sich der edlen Tat wie einem sittlich guten Menschen überantworten und wird sie für nützlich, ungefährlich, ja für beglückend ansehen.

Eine edle, gleichwohl aber mit Schmerz und Trauer verbundene Tat wird ihm gleichviel gelten wie ein sittlich guter, doch armer, ausgestoßener und geplagter Mensch. Wohlan denn, denke Dir auf der einen Seite den Mann der Tugend, reich gesegnet mit Reichtümern, auf der anderen einen, der nichts sein eigen nennt, aber alles in sich trägt ... Beide werden in gleichem Maße sittlich gut sein, selbst wenn ihre Lebensumstände so verschieden sind.

Das gleiche gilt, wie gesagt, von den Dingen wie von den Menschen. Nicht minder zu loben ist die Tugend, die in einem kranken und gefesselten Körper wohnt, als wenn sie einem starken und freien Körper zugehörte. Deshalb wirst Du auch Deine Tugend nicht höher preisen, wenn Dir das Schicksal einen gesunden und geraden Körper gab, als wenn es Dir einen irgendwie beeinträchtigten Körper verliehen hätte. Andernfalls bedeutete dies so viel, wie wenn man einen Herrn nach dem Äußeren seiner Sklaven beurteilte. Denn all jene Dinge, die der Herrschaft des Zufalls unterworfen sind – Geld, Körper, Ehrenstellen –, sind sklavenhafte, hinfällige und unsichere Besitztümer. Jene Werke der Tugend wiederum sind frei und unüberwindlich; man braucht sie nicht mehr zu erstreben, wenn sie vom Glücke mehr begünstigt sind, aber auch nicht weniger, wenn sie irgendwie von Widrigkeiten beeinträchtigt sind. Was bei den Menschen die Freundschaft ist, das ist gegenüber den Dingen das Verlangen. Ich glaube, Du würdest einen Mann der Tugend nicht mehr lieben, wenn er reich ist, als wenn er arm ist, und ich glaube, Du würdest ihn in strotzender Kraft nicht mehr schätzen denn bei hinfälliger und zarter Konstitution. Deshalb wirst Du auch einen heiteren und friedlichen Gegenstand nicht in höherem Maße begehren als einen langweiligen und mühevollen.

Und wenn es so ist, so wirst Du von zwei gleichermaßen vom

Sittlichguten erfüllten Menschen, den gut aussehenden, fein gesalbten wohl nicht mehr lieben als den, der mit Staub bedeckt ist, und es wird wohl nicht dahin kommen, daß Du einen Menschen mit lauter geraden Gliedern und völlig intaktem Körper höher einschätzest als einen gebrechlichen und einäugigen, daß Dein Ekel allmählich so weit geht, daß Du von zwei gleich gerechten und klugen Menschen den behaarten und allenfalls kraushaarigen vorziehst. Wenn beide gleich tugendsam sind, fällt die Ungleichheit in den anderen Dingen nicht ins Gewicht; denn alle diese anderen Dinge sind nicht wesenhafte Teile, sondern zufällige Anhängsel.

Oder beurteilt einer etwa die Seinen so unbillig, daß er den gesunden Sohn mehr liebte als den kranken, oder den hochgewachsenen, schlanken mehr als den kleinen oder unauffälligen? Die wilden Tiere jedenfalls machen keinen Unterschied unter ihren Jungen und legen sich hin, um alle in gleicher Weise zu füttern. Die Vögel verteilen das Futter noch gleichmäßiger. Odysseus zog es genauso stürmisch an das Felsengestade seines Ithaka wie den Agamemnon zu den glanzvollen Mauern Mykenes. Denn niemand liebt sein Vaterland, weil es groß ist, sondern weil es eben sein Vaterland ist. Was will ich damit? Daß Du spürst, wie die Tugend alle ihre Werke gleichsam wie ihre Kinder mit den gleichen Augen betrachtet und alle in gleicher Weise umsorgt, die ärmeren womöglich noch eifriger, da sich auch die Elternliebe mehr den Kindern zuwendet, für die sie Mitleid fühlt. Genauso verfährt die Tugend; sie liebt zwar diejenigen ihrer Werke, die sie in Bedrängnis sieht, nicht mehr als die anderen, aber sie behütet und pflegt sie mehr – wie eben gute Eltern.

Warum aber ist nun kein Gut größer als das andere? Weil es nichts Angemesseneres geben kann als das Angemessene, nichts Ebeneres als das Ebene. Du kannst nicht sagen, etwas sei einem anderen »gleicher« als ein drittes; also ist auch nichts sittlich besser als das Sittlichgute. Ist nun die Natur aller Tugenden die nämliche, so sind auch die drei Arten von Gütern gleich. Ich stelle also die Behauptung auf: Gleich ist es, maßvoll Freude zu empfinden und maßvoll einen Schmerz zu ertragen. Jene Freude steht nicht über dieser Seelenstärke, die unter der Faust des Henkers die Seufzer verbeißt. Jene Güter sind wünschenswert, diese bewundernswert, beide aber sind trotzdem gleichwertig, weil alles Unangenehme, was ihnen anhaftet, durch die Wirkung des um so größeren Gutes überdeckt wird. Behauptet einer, sie seien ungleich, so wendet er seine Augen von der Tugend selbst ab und sieht nur auf die äußeren Dinge.

Die echten Güter haben gleiches Gewicht und gleiche Größe. Jene unechten aber haben viel Belangloses an sich. Während sie dem Betrachter beachtlich und groß erscheinen, enttäuschen sie, wenn man ihr wirkliches Gewicht feststellt. So ist es, mein Lucilius: Was die reine Vernunft empfiehlt, ist gediegen und von ewiger Dauer, verleiht dem Geiste Kraft und erhebt ihn für alle Zukunft. Alles jedoch, was ein unüberlegtes Lob findet und was nur nach der Meinung der Masse gut ist, läßt nur solchen Menschen »den Kamm schwellen«, die sich über Nichtiges freuen können. Das hingegen, was man fürchtet, weil es ein Übel ist, versetzt die Seele in Schrecken und Angst, genauso, wie wenn sich Tiere durch den Anschein einer Gefahr aufscheuchen lassen.

Beide Dinge also bringen das Herz in Unruhe und quälen es, denn es verdient weder jenes die Freude noch dieses die Furcht. Nur die Vernunft ist beständig und fest in ihrem Urteil, denn sie ist nicht die Dienerin der Sinne, sondern ihre Gebieterin. Die Vernunft gleicht der Vernunft wie das Rechte dem Rechten; also ist auch die Tugend nichts anderes als die rechte Vernunft. Alle Tugenden sind Regungen der Vernunft; und um Äußerungen der Vernunft handelt es sich, wenn sie recht sind; sind sie aber recht, so sind sie gleich; denn wie die Vernunft ist, so sind auch ihre Auswirkungen; also sind alle gleich. Denn da sie der Vernunft ähnlich sind, sind sie auch untereinander ähnlich. Ich sage aber, die Auswirkungen sind einander gleich, weil sie recht und sittlich gut zugleich sind.

Übrigens werden sie große Unterschiede aufweisen je nach der Verschiedenheit des Stoffes, der bald weiter, bald enger, bald bestechend, bald unbedeutend ist und sich bald auf viele, bald auf wenige bezieht. Doch in jedem Falle ist das, worauf es ankommt, immer gleich, das heißt, alle sind sittlich gut. Damit aber ist gesagt, daß auch alle sittlich guten Menschen einander gleich sind, eben weil sie sittlich gut sind; doch sie weisen Altersunterschiede auf, und die einen sind älter, die anderen jünger. Auch körperliche Verschiedenheiten treten auf, es gibt schöne und häßliche; sodann Unterschiede hinsichtlich der Lebensumstände: Es gibt reiche, arme, beliebte, mächtige, solche, die in allen Städten und bei allen Völkern einen Namen haben, dann aber auch unbekannte Existenzen, die im dunkeln stehen. Aber durch den Umstand, daß sie alle gut sind, sind sie einander gleich.

Die Sinne können über Gutes und Schlechtes nicht urteilen, denn sie wissen nicht, was nützt und was schadet. Sie können ihr Urteil nicht abgeben, wenn sie nicht in unmittelbarer Verbindung mit etwas stehen. Sie haben weder ein Auge für das Zukünftige noch eine Erinnerung an das Vergangene, und was notwendigerweise kommen muß, ist ihnen unbekannt. Daraus aber erwächst die Ordnung und Abfolge der Dinge und die Einheit des Lebens, die den rechten Weg findet. Vernunft ist somit die Richterin über Gut und Böse; Fremdes und Äußeres achtet sie gering, und was weder gut noch schlecht ist, bedeutet für sie nur eine unwesentliche, ja belanglose Zugabe; denn ihr geht es um das absolut Gute.

Übrigens stehen für sie einige Güter an erster Stelle, an die sie deshalb mit voller Absicht herantritt, zum Beispiel sieghaftes Verhalten, gute Kinder, Wohlfahrt des Vaterlandes; andere wiederum stehen für sie an zweiter Stelle, nämlich solche, die nur unter widrigen Voraussetzungen in Erscheinung treten, z. B. Gelassenheit in schweren Krankheiten oder in der Verbannung; wieder andere nehmen eine mittlere Stelle ein, nämlich solche Güter, die der Natur so wenig entsprechen wie sie ihr widersprechen, z. B. ein ausgeklügeltes Schreiten oder eine vornehme Art zu sitzen; denn es ist ja nicht weniger naturgemäß zu sitzen, als zu gehen oder zu stehen.

Jene beiden erstgenannten Güter unterscheiden sich voneinander; denn die einen entsprechen der Natur, so Freude an der Anhänglichkeit der Kinder und am ungestörten Wohlergehen des Vaterlandes; die anderen sind gegen die Natur gerichtet, so der mutige Widerstand gegen Foltern und geduldiges Ertragen des Durstes, wenn das Fieber in den Eingeweiden brennt. »So wäre auch etwas Naturwidriges ein Gut?« Durchaus nicht; nur die Verhältnisse, unter denen ein Gut zutage tritt, sind zuweilen naturwidrig. Dies trifft etwa auf einen zu, der verwundet wird, den brennendes Feuer versengt oder den eine Krankheit plagt: Dies sind naturwidrige Zustände; aber dabei den Kopf hochzuhalten, das ist der Natur gemäß. Kurz gesagt: die Materie des Guten ist bisweilen naturwidrig, das Gute selbst jedoch nie, weil es kein Gut gibt ohne die Vernunft, die Vernunft aber der Natur folgt. Was ist also die Vernunft? Die Nachahmung der

Natur. Was ist des Menschen höchstes Gut? Ein naturgemäßes Leben.

»Es ist kein Zweifel«, so wendet einer ein, »daß ein stabiler Friede beglückender ist als einer, den man erst nach vielem Blutvergießen wiederherstellt. Kein Zweifel, daß eine unerschütterliche Gesundheit ein höheres Glück bedeutet als eine solche, die man nach schwerer, lebensgefährlicher Erkrankung gewissermaßen gewaltsam und mit viel Geduld wieder ins Gleichgewicht bringen mußte. Genausowenig unterliegt es einem Zweifel, daß die Freude ein größeres Gut ist als ein Geist, der sich alle Mühe gibt, mit den Qualen von Wunden und Feuer fertig zu werden.« Nein, sage ich dazu! Denn diesen zufälligen Dingen haften sehr verschiedene Qualitäten an; sie werden nämlich nach dem Nutzen des Empfängers beurteilt. Die echten Güter aber haben alle nur die eine Aufgabe, mit der Natur übereinzustimmen, und dies kommt allen in gleicher Weise zu. Wenn wir im Senat der Meinung eines Redners beipflichten, so kann man nicht sagen, der eine stimme mehr bei als der andere; denn alle finden ja in der nämlichen Meinung zusammen. Das gleiche behaupte ich auch von den Tugenden: Alle stimmen mit der Natur zusammen. Und so sage ich von den Gütern: Sie alle harmonieren mit der Natur.

Der eine stirbt als Jüngling, der andere als Greis, ein dritter als Kind, dem nur ein kurzer Blick ins Leben gegönnt war: Sie alle waren in gleicher Weise sterblich, auch wenn der Tod dem Leben des einen eine längere Dauer verlieh, des anderen Leben aber inmitten der Blüte abschnitt und beim dritten schon den ersten Schritt ins Leben scheitern ließ. Es gibt Leute, die bei der Mahlzeit sterben, während bei anderen der Schlaf unmittelbar vom Tod gefolgt ist, wieder andere sterben gar während des Beischlafs. Ihnen stelle ich jene gegenüber, die das Schwert durchbohrte oder denen der Biß einer Schlange den Tod brachte, die ein Einsturz zermalmte oder die ganz allmählich unter langdauernden Nervenzuckungen auf der Folterbank zerrissen werden – man mag den Tod der einen besser nennen, den der anderen schlechter, der Tod selbst ist in jedem Falle der gleiche. Er kommt nur auf verschiedenen Wegen, die stets zum gleichen Ziel hinführen. Es gibt keinen größeren und keinen kleineren Tod; er handelt in jedem Falle nach dem gleichen Maße, nämlich das Leben zu beenden.

Und das nämliche behaupte ich hinsichtlich der Güter. Das

eine tritt zutage unter lauter Annehmlichkeiten, das andere unter Schmerzen und Leiden. Jenes lenkt die Gunst des Schicksals auf einen, dieses muß sich mit dessen verzehrender Gewalt herumschlagen; beide aber sind gleich gut, obgleich der Weg des einen sich eben dahinzieht, während dieses auf schlechter Straße wandert; das Ziel ist für jedes das gleiche: Es sind ja Güter, lobenswerte Güter, und Tugend und Vernunft stehen ihnen zur Seite. Die Tugend macht alles gleichwertig, was sie als ihr zugehörig anerkennt; und Du darfst Dich nicht wundern, daß Du diese Auffassung in der Stoa verankert findest.

Bei Epikur gibt es zwei Güter, aus denen sich jenes höchste Gut zusammensetzt, nämlich die Forderung, daß der Körper des Schmerzes, die Seele aber der Unruhe entbehre; diese Güter wachsen nicht, wenn ihr Maß erfüllt ist, denn wie sollte etwas noch wachsen, was schon voll ist? Der Körper ist frei von Schmerz; was kann zu dieser Schmerzlosigkeit noch hinzutreten? Die Seele hat ihren festen Halt in sich und ist ruhig; was kann zu dieser Seelenruhe noch hinzutreten? Genau wie der Glanz des Firmaments, sobald er am reinsten erstrahlt, nicht noch mehr Klarheit anzunehmen vermag, so ist der Zustand eines Menschen, der Körper und Geist pflegt und der sein Gut daraus gewinnt, daß er beides miteinander verknüpft, ein vollendeter, und ihm ist die letzte Erfüllung all seines Wünschens zuteil geworden, wenn über seine Seele keine Bewegung der Unruhe und über seinen Körper kein Schmerz kommt. Werden ihm außerdem noch irgendwelche Annehmlichkeiten zuteil, so vermögen diese, sein »höchstes Gut« nicht mehr zu erhöhen, sondern sie verleihen ihm sozusagen noch Wohlgeschmack und Würze. Denn jenes vollendete Gut der menschlichen Natur bedarf über den Frieden des Körpers und der Seele hinaus nichts mehr.

Nun will ich Dich noch bei Epikur auf eine Einteilung der Güter aufmerksam machen, die mit der unsrigen größte Ähnlichkeit besitzt. Er spricht nämlich von Gütern, in deren Besitz er vorzugsweise gelangen möchte; dabei erwähnt er z. B. die von jeglichem Ungemach freie körperliche Ruhe und die Erholung der Seele, die sich in Beschaulichkeit ihrer Güter freut. Von anderen Gütern wiederum spricht er lobend und anerkennend, obgleich er sich nicht wünscht, mit ihnen Bekanntschaft zu machen; dazu gehört etwa die eben erwähnte Geduld beim Ertragen von Krankheiten und starken Schmerzen, die Epikur an seinem letzten und glücklichsten Erdentag unter Beweis stellte. Damals sagte er nämlich, er leide an der Blase und an seinem von Geschwüren bedeckten Leibe Schmerzen, die keine Steigerung mehr zuließen; trotzdem erlebe er diesen Tag als einen besonderen Glückstag ... Glücklich zeigen kann sich aber nur der, welcher das höchste Gut sein eigen nennt. So finden sich also auch bei Epikur Güter, die man an seinem eigenen Leib lieber nicht erfahren möchte, die man jedoch nach der Lage der Dinge gerne hinnehmen, anerkennen und den höchsten Gütern gleichstellen muß. Man kann aber nicht leugnen, daß ein Gut, das ein glückseliges Leben beschließt und dem ein Epikur noch ein letztes dankbares Wort widmet, den höchsten Gütern gleichzusetzen sei.

Nun aber, Lucilius, mein Bester, gestatte, daß ich mich noch kühner ausdrücke: Wenn irgendwelche Güter größer sein könnten als andere, so möchte ich gerade diese, die dem Bereich des Schmerzes anzugehören scheinen, jenen anderen aus dem Bereich freundlicher Lust vorziehen. Denn mehr will es bedeuten, mit schwierigen Verhältnissen fertig zu werden, als freundliche Verhältnisse mit Mäßigung hinzunehmen. Ich weiß es, die gleiche Vernunft ist es, die einen das Glück weise und das Unglück tapfer ertragen läßt. Gleiche Tapferkeit kann der Soldat beweisen, der in Sicherheit vor dem Lagerwall auf Wache steht, ohne daß ein Feind sich dem Lager nähert, und der, welcher sich mit zerschnittenen Sehnen auf den Knien herumschleppt und seine Waffen doch nicht aus der Hand läßt. Aber »Heil dir, du Held!« ruft man doch nur denen zu, die von Blut besudelt aus der Schlacht zurückkehren. Deshalb möchte ich doch jenen Gütern den Preis zuerkennen, die in der Bewährung standen, die Mut verlangten und im Kampf mit dem Schicksal erprobt wurden.

Ohne Bedenken möchte ich deshalb die verstümmelte und verdorrte Hand eines Mucius höher preisen als die unversehrte Hand jedes anderen noch so großen Helden. Voll Verachtung gegen die Feinde, aber auch der Flammen nicht achtend, stand er da und betrachtete ruhig seine Hand, die im Herdfeuer der Feinde ausblutete, bis Porsenna, der ihm die Strafe gönnte, aber den Ruhm neidete, ihm das Feuer gegen seinen Willen wegziehen ließ. Warum sollte ich diesem Gut nicht den Preis zuerkennen und es für größer halten als jene anderen sorgenfreien und vom Schicksal nicht angefochtenen Güter, ja für um so größer, je seltener es vorkommt, daß einer seinen Feind statt mit der bewaffneten Hand mit einer verlorenen besiegt?

»Wie«, so fragst Du, »ein solches Gut wirst du dir wünschen?« Warum auch nicht? Wer sich ein solches nicht wünschen kann, kann es auch nicht in die Tat umsetzen. Sollte ich es etwa vorziehen, meine Glieder den Buhlknaben hinzureichen, um sie geschmeidig zu machen, oder sollte ich lieber wünschen, daß ein Dämchen oder gar ein männliches Wesen, das sich in ein Dämchen verwandelt, meine zarten Finger führe? Warum sollte ich nicht den Mucius für glücklicher halten, der mit dem Feuer so umging, als hätte er seine Hand zur Maniküre hingestreckt? Er machte den Irrtum, den er begangen hatte, wieder gut; waffenlos und verstümmelt beendigte er den Krieg, und mit jenem traurigen Rest einer Hand besiegte er schließlich zwei Könige. Lebe wohl!

Von der Natur der Seele

Brief 57

Als ich an die Rückreise von Bajä[39] nach Neapel denken mußte, ließ ich mich leicht davon überzeugen, daß ein stürmisches Wetter herrschte, um nicht wieder zu einer Seereise gezwungen zu sein; aber die Straßen waren überall so verschlammt, daß ich den Eindruck gewinnen konnte, als reiste ich wieder zur See. An diesem Tag traf mich ganz und gar das Schicksal des Athleten: Nach der Salbe bekam ich es mit dem Staube zu tun, nämlich im Tunnel von Posilippo[40]. Nichts ist länger als dieser Kerker, nichts dunkler als seine »Beleuchtung«, die nicht etwa dazu dient, in der Finsternis zu sehen, sondern um diese selbst erst wahrzunehmen. Freilich, hätte dieser verdammte Raum ein Licht, so würde es der Staub unwirksam machen, der schon im Freien so unangenehm und beschwerlich ist, gar nicht zu reden von hier, wo er sich verdichtet und von jedem Luftzug abgeschnitten, auf die selbst wieder zurückfällt, die ihn aufwühlten.

So haben wir also mit zwei einander entgegengesetzten Schwierigkeiten auf einmal fertig werden müssen, indem wir auf dem gleichen Weg und noch am gleichen Tag Schlamm und Staub zugleich zu bestehen hatten. Gleichwohl gab mir jene Dunkelheit einigen Anlaß zum Nachdenken. Ich spürte nämlich eine gewisse Betroffenheit, und, ohne daß ich mich fürchtete, eine innere Veränderung als Folge der ungewohnten und auch unangenehmen Situation.

Aber ich will jetzt nicht von mir reden, wo mir doch zu einem annehmbaren, geschweige denn vollendeten Menschen noch so viel fehlt, sondern von dem Mann, an dem das Schicksal nichts zu rütteln hat: Auch sein Herz kann erbeben und auch seine Farbe kann sich ändern. Gewissen Einwirkungen, mein Lucilius, vermag nämlich keine Tugend zu entrinnen; die Natur bringt ihr nämlich ihre Sterblichkeit zum Bewußtsein. So wird eben auch er eine traurige Miene machen, wird bei plötzlichen Ereignissen erschaudern und wird schwindlig werden, wenn er auf steiler Klippe in die darunter befindliche Tiefe blickt. Das ist keine Furcht, sondern eine natürliche und durch Vernunft keineswegs zu beeinflussende Regung. So können vielfach tapfere Männer, denen es nicht darauf ankommt, ihr eigenes Blut jeden Augenblick zu vergießen, kein fremdes Blut sehen. Manche sinken in Ohnmacht, wenn sie eine frische Wunde behandeln und anblicken müssen, oder gar eine alte Wunde, die schon eitert. Es gibt Leute, die lieber den Schwertstreich empfangen, als daß sie dabei zusehen wollten.

Ich empfinde also, wie gesagt, zwar keine Verwirrung, aber doch eine Veränderung. Allein, beim ersten Anblick des wiedergeschenkten Lichts kehrte auch meine Heiterkeit wieder zurück, und zwar ohne Mitwirken des Denkens oder des Wollens. Da begann ich mit mir selbst Zwiesprache zu halten, wie töricht es sei, daß wir gewisse Dinge mehr, andere aber weniger fürchteten, wo doch das Ende bei jedem das gleiche ist. Denn was verschlägt es schon, ob über einem ein Wächterhäuschen oder ein Berg zusammenbricht? Es macht keinen Unterschied! Dennoch aber werden sich manche vor dem Bergsturz mehr fürchten, obgleich beide Vorgänge tödlich wirken. So sehr achtet die Furcht nicht auf die Wirkung, sondern auf deren Ursache.

Nun glaubst Du wohl, ich spielte damit auf die Stoiker an, nach denen die Seele eines von einer gewaltigen Masse zermalmten Menschen nicht fortdauern kann und sich sofort auflöst, da sie keine Möglichkeit gehabt habe, den Körper zu verlassen. Weit gefehlt! Wer solches behauptet, scheint mir schlecht beraten. Wie eine Flamme sich nicht niederdrücken läßt, da sie um den Gegenstand herum ausweicht, der sie niederdrücken soll, so, wie sich auch die Luft durch einen Wurf oder einen Schlag nicht verletzen läßt, ja nicht einmal geteilt wird, sondern um den Gegenstand herumgleitet, vor dem sie weichen muß – genauso läßt sich auch die Seele, die aus dem allerfeinsten Stoffe besteht, nicht festhalten oder gar innerhalb des Körpers zerquetschen, sondern dank ihrer zarten Stofflichkeit vermag sie sich durch das hindurchzuzwängen, was auf sie drückt. Wie der Blitz, mag er alles weit umher erbeben und aufleuchten lassen, durch eine winzige Öffnung entweicht, so vermag auch die Seele, die noch feiner ist als das Feuer, aus jedem Körper zu entkommen. Somit geht die Frage nur darum, ob sie unsterblich sein kann.

Gewiß ist jedenfalls das eine: Wenn sie den Körper überlebt, so kann sie auf keine Weise mehr vernichtet werden, da sie mit dem Untergang nichts mehr zu tun hat; was einmal den Untergang überdauert hat, bleibt ohne Ausnahme erhalten, und nichts vermag an dem zu rütteln, was für die Ewigkeit ist. Lebe wohl!

Gott ist in uns!

Es ist für Dich das beste und heilsamste, wenn Du weiterhin, wie Du mir schreibst, nach der Sittlichkeit strebst, die sich freilich nur ein Tor wünschen kann, da man sie von sich selber erlangen kann. Du brauchst Deine Hände nicht zum Himmel zu erheben, brauchst auch dem Tempelhüter kein gutes Wort zu geben, daß er uns an das Ohr des Götterbildes herankommen lasse, als könnte uns so in höherem Maße Erhörung zuteil werden: Gott ist Dir nahe, er ist bei Dir, er ist in Dir.

Jawohl, mein Lucilius, das behaupte ich: Es wohnt in uns ein heiliger Geist, der alles Gute und Böse in uns im Auge behält und darüber wacht. Er verfährt mit uns genauso, wie wir mit ihm verfahren. Niemand aber kann gut sein ohne Gott. Oder vermag sich jemand auf andere Weise als mit seiner Unterstützung über das Schicksal zu erheben? Er ist es, der in uns edle und erhabene Entschlüsse reifen läßt; in einem jeden sittlich hochstehenden Menschen »wohnt ein Gott, doch welcher, ist nicht gewiß«.[41]

Wenn Du auf einen Hain mit uralten und über das gewöhnliche Maß aufragenden Bäumen stößt, der Dir mit seinen dichten, einander überdeckenden Ästen den Blick zum Himmel entzieht, so läßt der gewaltige Wuchs der Bäume, die Einsamkeit des Ortes und das Wunder eines so dichten Schattens unter freiem Himmel den Glauben an Gott in Dir wach werden.

Und wenn eine tiefgewölbte Steingrotte die Last eines Berges über sich trägt, nicht von Menschenhand gefertigt, sondern durch Naturkräfte zu solcher Tiefe geweitet, dann wird sie Deine Seele vom Gefühl des Göttlichen erzittern lassen.

Wir verehren den Ursprung großer Flüsse und errichten Altäre, wo immer ein gewaltiger Strom aus dem Verborgenen entspringt; warme Quellen werden verehrt, und es gibt Seen, die ihr schattiges Dunkel oder ihre unauslotbare Tiefe geheiligt hat.

Wenn Du einen Menschen siehst, der vor Gefahren nicht bebt, den Leidenschaften nicht berühren, der sich im Unglück glücklich fühlt und die Ruhe bewahrt inmitten von Stürmen, der die

Götter von derselben Höhe aus erblickt, auf der er selbst steht, während er die Menschen tief unter sich läßt – überkommt Dich da keine Verehrung für ihn? Wirst Du nicht sprechen müssen: Ein solches Wesen ist größer und erhabener, als daß es dem elenden Körper gleichen könnte, in dem er wohnt. Eine göttliche Kraft hat davon Besitz ergriffen. Diese erhabene, ihr Gleichmaß bewahrende Seele, die über alles Irdische hinwegsehen kann, weil es für sie zu belanglos ist, und die über alle unsere Ängste und Wünsche zu lächeln vermag – diese Seele wird von einer himmlischen Macht bewegt.

Etwas so Gewaltiges kann ohne Gottes Hilfe nicht bestehen. Deshalb befindet es sich mit seinem größten Teil dort, von wo es kam. So wie die Strahlen der Sonne zwar auf die Erde treffen, aber dort sich befinden, von woher sie entsendet sind, so ist eine große und heilige Seele, die uns zu dem Zwecke gesandt ist, daß wir das Göttliche besser zu erkennen vermögen, zwar in Berührung mit uns, haftet aber untrennbar in ihrem Ursprung. Dort hat sie ihren Halt, dorthin blickt sie, und nach dort strebt sie; mit dem, was uns angeht, hat sie nur insoweit zu tun, als sie eben etwas Besseres darstellt.

Was ist das also für eine Seele? Eine, die nur durch einen Reichtum glänzt, der ihr wirklich gehört. Denn was wäre törichter, als einen Menschen wegen dessen zu loben, was nicht sein eigen ist? Was wäre wahnwitziger als Dinge zu bewundern, die jeden Augenblick einem andern gehören können? Goldene Zügel machen ein Pferd nicht besser. Es ist ein Unterschied, ob ein Löwe mit goldgestickter Mähne auftritt, den man so lange ermüdete, bis er sich streicheln und sich seinen Schmuck geduldig anlegen ließ, oder ob einer ungeschmückt, aber mit ungebrochener Wildheit sich zeigt. Dieser nämlich, voll feurigen Mutes, ganz wie die Natur ihn wollte, stattlich infolge seiner Schrecklichkeit, dessen Schmuck darin besteht, daß man ihn nicht, ohne zu beben, ansehen kann, findet höhere Bewunderung als jener ermattete, mit Gold geschmückte . . . ja, jeder soll sich nur dessen rühmen, was sein eigen ist!

Wir preisen die Rebe, wenn sie die Schößlinge mit Frucht beschwert, wenn ihr eigenes Gewicht sie samt dem stützenden Pfahl zu Boden zieht. Möchte jemand der Rebe höheren Preis zuerkennen, an der goldene Trauben und goldene Blätter hängen? Des Weinstocks eigenste Tugend ist die Fruchtbarkeit; so soll man auch am Menschen nur das loben, was sein eigen ist. Gut, er besitzt eine stattliche Dienerschaft, ein schönes Haus, er bebaut riesige Äcker und verleiht große Summen; aber nichts davon ist *in* ihm, alles nur *bei* ihm.

Das sollst Du an ihm loben, was man ihm weder nehmen noch geben kann, was des Menschen echtes Eigentum ist! Was das sei, willst Du wissen? Der menschliche Geist und die im Geiste vollkommen gewordene Vernunft. Denn der Mensch ist ja ein mit Vernunft begabtes Wesen, und dieser Vorzug wird erst vollkommen, wenn er die Aufgabe erfüllt, für die er geboren ist. Was aber ist es, das die Vernunft von ihm fordert? Das denkbar Leichteste: Nämlich seiner Natur gemäß zu leben. Doch eben dies wird uns schwergemacht durch den allgemeinen Wahn; einer stößt den anderen in das Böse hinein. Kann man die zum Heil zurückrufen, die niemand behütet, während sie ein ganzes Volk zum Falschen antreibt? Lebe wohl!

Die Affekte soll man
nicht nur zügeln, sondern gänzlich austilgen.

Brief 116

Schon oft wurde die Frage gestellt, ob es besser sei, mäßige oder gar keine Affekte zu haben. Die Stoiker wollen sie gänzlich getilgt wissen, die Peripatetiker treten dafür ein, sie zu mäßigen. Was mich betrifft, so sehe ich nicht ein, wie irgendein Mittelmaß dieser üblen Erscheinungen heilsam oder nützlich sein könnte. Keine Furcht, ich will Dir nichts von dem nehmen, was Du Dir nicht zu versagen wünschest. Ich werde mich entgegenkommend und nachsichtig in Dingen zeigen, die Dir ein Anliegen sind und die Du entweder für lebensnotwendig, für nützlich oder für angenehm hältst. Nur das Falsche werde ich Dir nehmen.

Denn wenn ich Dir auch verwehre zu *begehren*, so werde ich Dir doch zugestehen zu *wünschen*, damit Du selbst ebendies ohne Furcht und energisch tust, damit Du das Angenehme selbst desto mehr empfindest. Warum solltest Du dessen nicht eher teilhaftig werden, wenn Du ihm gebietest, als wenn Du ihm dienst?

»Aber«, so sagst Du, »es entspricht durchaus der Natur, daß mich die Sehnsucht nach einem Freund quält; laß nur deine Tränen fließen, es ist ganz recht so! Es entspricht der Natur, sich von den Meinungen der Leute beeindrucken zu lassen und unglücklich zu sein, wenn sie schlecht über uns urteilen! Warum willst du mir diese so ehrenwerte Furcht vor der schlechten Meinung anderer nicht lassen?« Kein Fehler findet keinen Verteidiger; jeder Fehler hält sich am Anfang in ehrenhaften Grenzen und läßt sich so verzeihen; aber dann greift er weit um sich, und Du wirst ihn nicht tilgen können, wenn Du ihm gestattet hast, überhaupt erst seinen Anfang zu nehmen.

Im Anfang ist jeder Affekt schwach. Dann aber treibt er sich selbst an und gewinnt Kraft, indem er fortschreitet. Man kann ihn leichter ausschließen als austreiben. Wer möchte leugnen, daß jeder Affekt aus irgendeinem natürlichen Boden erwächst? Die Natur hat uns die Sorge für uns selbst zur Pflicht gemacht; gibst Du Dich ihr aber zu sehr hin, dann entsteht ein Fehler daraus.

Die Natur hat den notwendigen Dingen die Lust zugesellt,

nicht daß wir sie suchen, sondern daß ihr Mitwirken uns das angenehmer mache, was wir zum Leben brauchen; tritt aber die Lust um ihrer selbst willen auf, dann ist sie gleichbedeutend mit Üppigkeit.

Deshalb wollen wir schon dem Eintreten der Affekte einen Riegel vorschieben, weil es, wie gesagt, leichter ist, sie gar nicht erst hereinzulassen als sie wieder loszuwerden. Bis zu einem gewissen Grade, meinst Du, sollte ich der Trauer und der Furcht Einlaß gewähren. Aber gerade dieses »bis zu einem gewissen Grade« dehnt sich aus und endet nicht etwa dort, wo Du es willst. Der Weise freilich braucht nicht ängstlich über sich zu wachen; er wird seine Tränen und seine Lust dort enden lassen, wo er will; für uns aber ist es besser, sich überhaupt nicht vorzuwagen, da die Umkehr nicht einfach ist.

Ich lobe mir die feine Antwort, die Panätius[42] einem jungen Manne gab, der ihn fragte, ob ein Weiser lieben könne; sie lautete: »Von den Weisen wollen wir uns später unterhalten; ich und du jedenfalls, die wir noch ein gutes Stück von der Weisheit entfernt sind, dürfen es nicht dahin kommen lassen, daß wir einer unbeherrschten Leidenschaft verfallen, die uns völlig in die Gewalt eines anderen bringt und die in sich selbst verächtlich ist. Denn entweder finden wir beim anderen Gehör, dann reizt uns seine Freundlichkeit, verachtet er uns aber, so bringt uns sein Stolz gegen ihn auf. Eine Liebe, die man leicht erlangt, schadet nicht weniger als eine, die man nur schwer erringt, das heißt, einer leicht empfangenen Liebe verfallen wir rasch, eine schwer zu erringende aber fordert uns zum Kampf. Deshalb wollen wir im klaren Bewußtsein unserer Schwäche in Ruhe bleiben. Weder dem Weine noch der Schönheit, auch nicht der Zärtlichkeit, noch irgendeinem Dinge, das schmeichlerisch lockt, wollen wir unsere schwache Seele anvertrauen.«

Was nun Panätius zur Frage nach der Liebe zu sagen hatte, das behaupte ich von allen Affekten. Wollen wir so weit wie möglich uns vom allzu schlüpfrigen Boden fernhalten; schon auf einem trockenen stehen wir nicht fest genug. Da wirst Du mir nun die allgemein übliche Kritik an den Stoikern entgegenhalten: »Zu Großes versprecht ihr, zu Hartes verlangt ihr! Wir sind schwache Menschen und können uns nicht alles versagen; wir wollen trauern, aber wenig; wir wollen begehren, aber nur mäßig; wir wollen zürnen, aber auch wieder versöhnen.« Weißt Du, warum wir das alles nicht vermögen? Weil wir nicht glauben, daß wir dazu in der Lage sind. Doch bei Gott, in Wirklichkeit verhält es sich ganz anders: Weil wir unsere Fehler lieben, deshalb nehmen wir sie in Schutz und wollen sie lieber entschuldigen, als daß wir sie ablegen. Die Natur hat dem Menschen Stärke genug verliehen, wenn wir sie nur gebrauchen, wenn wir nur unsere Kräfte zusammennehmen und ganz und gar *für* uns und auf keinen Fall *gegen* uns einsetzen. Der Mangel an gutem Willen ist die Ursache, die Unfähigkeit wird nur als Vorwand genommen. Lebe wohl!

Nicht mit den Sinnen, sondern mit dem Verstand läßt sich das Gute erkennen.

Brief 124

»Viele altüberlieferte Regeln kann ich dir geben, wenn dich's nicht schreckt oder verdrießt, ein geringes Tun zu ergründen ...«[43] Es schreckt Dich aber nicht, und eine scheinbar kleinliche Genauigkeit läßt Dich nicht entfliehen! Es verträgt sich nicht mit Deiner wissenschaftlichen Gründlichkeit, Dich nur dem Gewaltigen zu widmen, und ich sehe es sehr gerne, daß Du an alles den Maßstab des inneren Gewissens anlegst und Dich dann erst zurückziehst, wenn mit wissenschaftlicher Gründlichkeit nichts mehr auszurichten ist. Ich will dafür Sorge tragen, daß dies auch jetzt nicht der Fall ist!

Die Frage geht darum, ob das Gute durch die Sinne oder durch den Verstand erfaßt wird. Damit wäre auch gesagt, daß sich das Gute bei vernunftlosen Tieren und Kindern nicht finde. Alle, die der Lust die höchste Stelle einräumen, behaupten, man könne das Gute vermittels der Sinne empfinden, wir aber, die wir die höchste Stelle der Seele zuteilen, glauben, das Gute sei durch den Verstand erkennbar. Urteilten wirklich die Sinne über das Gute, dann könnten wir kein Vergnügen ablehnen; denn jedes lockt und macht Freude; und umgekehrt würden wir uns willentlich keinem Schmerz hingeben, denn jeder Schmerz tut ja den Sinnen weh. Außerdem würden diejenigen nicht zu tadeln sein, die allzu großen Spaß am Vergnügen und vor dem Tode allzu große Furcht haben. Nun aber tadeln wir doch die Knechte des Gaumens und der Wollust und verachten alle, die aus Angst vor Schmerz nie eine männliche Tat unternehmen. Worin aber besteht dann ihr Fehler, wenn sie den Sinnen, das heißt den Richtern über Gut und Böse gehorchen?

Aber natürlich, der Vernunft ist die Entscheidung anheimgegeben, wie man über das Leben, die Tugend, das Sittlichgute und über Gut und Böse überhaupt urteilen soll. Denn bei den Epikureern wird dem mindesten Teil das Urteil über den wertvolleren eingeräumt, so daß die stumpfen und unzureichenden Sinne, die bei den Menschen noch höher entwickelt sind als bei den übrigen Lebewesen, den Spruch über das Gute fällen.

Wie, wenn einer das Kleine nicht mit den Augen, sondern mit den Händen unterscheiden wollte? Für die Unterscheidung von Gut und Böse jedenfalls gäbe es keinen feineren und schärferen Sinn als die Augen. Du siehst, wie wenig der von der Wahrheit weiß und wie der das Erhabene und Göttliche mit Füßen tritt, bei dem der Tastsinn über das höchste Gut und über das größte Übel urteilt.

»Wie alles Wissen und jede Kunst«, sagt man, »etwas Sichtbares und sinnlich Wahrnehmbares haben muß, woraus sie entsteht und erwächst, so führt das echte Glück seinen Anfang auf sichtbare und sinnlich wahrnehmbare Dinge zurück. Denn ihr selbst vertretet ja den Standpunkt, das echte Glück entspringe aus dem Sichtbaren.« Nun, wir sagen, das echte Glück entspreche immer der Natur. Was aber der Natur entspricht, zeigt sich jederzeit offen, nicht weniger als das Vollkommene. Was aber der Natur entspricht und was einem im Augenblick der Geburt zuteil wird, davon behaupte ich noch nicht, daß es gut sei, sondern daß es den Anfang des Guten bedeute. Du aber sprichst das höchste Gut, die Lust, schon dem Säugling zu, so daß er beim ersten Atemzug bereits mit dem beginnt, wozu einmal der erwachsene Mann gelangt. Du vertauschest den Gipfel mit der Wurzel!

Wollte jemand behaupten, das zarte Wesen im Mutterleib, das formlose und unfertige Geschöpf, dessen Geschlecht noch nicht einmal bestimmt ist, besitze schon irgendein Gut, so scheint er doch offensichtlich zu irren. Aber wie gering ist doch der Unterschied zwischen dem, der eben ins Leben tritt und dem, der noch geborgen im Mutterleib ruht! Was das Erkennen von Gut und Böse anlangt, so sind doch beide gleich unreif, und ein Mensch im Kindesalter ist so wenig für das Gute empfänglich wie ein Baum oder irgendein stummes Tier. Warum aber findet sich kein Gut bei einem Baum oder bei einem stummen Tier? Weil es auch der Vernunft entbehrt! Aus dem gleichen Grund fehlt das Gute beim Kind, das ja auch keine Vernunft besitzt. Erst dann wird es des Guten teilhaftig, wenn es über die Vernunft verfügt.

Es gibt Geschöpfe ohne jede Vernunft, solche, die sie noch nicht besitzen und andere, die sie zwar besitzen, aber in unvollkommener Weise. Bei keinen von all diesen findet sich das Gute; erst die Vernunft teilt es ihnen mit. Worin unterscheiden sich also die erwähnten Geschöpfe? Beim ersten wird sich nie ein Gut finden; beim zweiten kann jetzt noch kein Gut sein, beim dritten kann es sich zwar finden, aber es ist noch nicht vorhanden. Ich will damit sagen, mein lieber Lucilius: Das Gute findet sich nicht in jedem Körper, nicht bei jeder Altersstufe, und es ist von den Kindstagen so weit entfernt wie das Letzte von dem Ersten, wie das Vollendete von seinem anfänglichen Zustand. Demnach ist es auch nicht in dem zarten Embryo, der sich eben zum Körper formt.

Wie könnte es auch darin sein? Nun, sowenig eben wie im Samen. Wenn Du behauptest, wir fänden etwas Gutes im Baum und an der Saat, so tritt dies nicht im ersten Schößling in Erscheinung, der soeben den Boden erst durchbrach. Oder wenn Du sagst, es sei etwas Gutes am Weizen, so ist dies nicht etwa am saftigen Halm, auch nicht an der zarten Ähre, die aus der Hülse sich entwickelt, sondern es ist dann vorhanden, wenn der Sommer und die notwendige Reife über das Getreide gekommen sind.

So wie jedes Wesen sein Gutes nur zum Vorschein bringt, wenn es vollendet ist, so ist auch das Gute am Menschen nicht eher vorhanden, als bis seine Vernunft im vollen Umfange vorhanden ist. Worin aber besteht dieses Gute? Laß es Dir sagen: In einer freien, hohen Seele, die sich alles dienstbar macht, selbst aber nichts aus Zwang tut. Eines solchen Gutes ist der Säugling so wenig fähig, daß es der Knabe nicht erhoffen kann und der Jüngling nur zu Unrecht erhofft. Sogar der Greis darf von Glück sagen, wenn es ihm durch langes, unverdrossenes Streben zuteil geworden ist. Hat es aber damit seine Richtigkeit, dann kann man auch das Gute nur durch den Verstand erkennen.

»Du hast gesagt«, so wendet einer ein, »im Baum und an der Pflanze hafte etwas Gutes; demnach kann doch auch am Kinde etwas Gutes sein?« Ein echtes Gut findet sich weder an den Bäumen noch an den stummen Tieren; was an ihnen gut ist, das führt diese Bezeichnung nur im übertragenen Sinn, d. h. in der ihrer Natur gemäßen Weise.

Das wirklich Gute kann einem stummen Tier in keiner Weise zukommen, ist es doch mit einer glücklicheren und besseren Natur verbunden. Nur dort findet sich das Gute, wo auch für die Vernunft Platz ist. Es gibt vier Gattungen von Wesen: Pflanze, Tier, Mensch und Gott. Die beiden letzteren sind von gleicher Natur, sie sind ja vernünftig; nur darin sind sie verschieden, daß das eine Wesen unsterblich, das andere aber sterblich ist. Beim einen nun, bei der Gottheit, vollendet die Natur das Gute, beim anderen, nämlich beim Menschen, das bemühte Streben. Die übrigen Gattungen ohne die Vernunft sind nur hinsichtlich ihrer eigenen Natur vollkommen, nicht aber in Wahrheit. Denn erst das ist vollkommen, was hinsichtlich der Gesamtnatur vollkommen ist. Die Gesamtnatur aber ist vernünftig, während alles übrige nur in seiner Art vollkommen sein kann.

In einem Wesen, bei dem es kein echtes Glück gibt, kann es auch das nicht geben, was das echte Glück verursacht; ein echtes Glück aber kommt durch das Gute zustande. In einem stummen Tier ist nichts vorhanden, was ein echtes Glück bewirken könnte, also findet sich in einem solchen Tiere nichts Gutes. Das stumme Tier erfaßt das Gegenwärtige durch die Sinne; des Vergangenen erinnert es sich, wenn das eintritt, wodurch die Sinne ermahnt werden, etwa so wie das Pferd in dem Augenblick des Wagens sich erinnert, wenn es an dessen Deichsel geführt wird. Im Stalle kann es sich nicht an den Weg erinnern, sooft es ihn auch gegangen ist. Die dritte Zeitstufe aber, die Zukunft, berührt die stumme Kreatur überhaupt nicht. Wie kann man also die Natur solcher Wesen für vollkommen ansehen, denen das Wissen um die gesamte Zeit versagt ist? Denn aus drei Teilen besteht die Zeit, aus der Vergangenheit, der Gegenwart und der Zukunft. Den Tieren aber ist nur die stets fließende Gegenwart zu eigen, und das ist doch das Entscheidende; eine Erinnerung an die Vergangenheit ist bei ihnen selten, sie tritt nur dann ein, wenn sie im Gegenwärtigen wach wird.

Das Gute, das an einer vollkommenen Natur zu finden ist, kann also nicht einer unvollkommenen Natur zukommen, oder wenn eine solche Natur es wirklich hat, so haben es auch die Pflanzen. Und ich will nicht abstreiten, daß die stummen Tiere für die Dinge, die ihrer Natur entsprechen, einen starken Trieb besitzen; aber dieser ist nicht von der Vernunft geordnet und geklärt. Doch etwas Ungeordnetes, Ungeklärtes kann niemals gut sein.

»Wieso«, höre ich Dich sagen, »bewegen sich denn die stummen Tiere ohne Ordnung und ohne Plan?« Dies würde ich dann behaupten, wenn ihrer Natur überhaupt das Prinzip der Ordnung zu eigen wäre; nun aber bewegen sie sich eben so, wie es ihrer Natur entspricht. Denn ungeordnet ist, was manchmal auch geordnet sein kann; und in Unruhe befindet sich vieles, was auch in sorgloser Ruhe sein kann. Niemand, der nicht auch die entsprechende Tugend besitzen kann, hat einen Fehler an sich.

Die stummen Tiere haben also eine solche Bewegung kraft

ihrer Natur. Doch, um Dich nicht allzu lange hinzuhalten: Auch beim stummen Tier wird sich ab und zu ein Gut, ja die eine oder andere Tugend oder Vollkommenheit finden; doch nichts von alldem wird in absoluter Weise vorhanden sein. Dies ist nämlich nur bei vernunftbegabten Wesen der Fall, denen es gegeben ist, den Grund der Dinge zu erkennen, den Umfang ihrer Gültigkeit und die Art ihres Seins. Deshalb ist das Gute nur in den Wesen, in denen auch die Vernunft vorhanden ist.

Nun fragst Du nach dem Zweck dieser Untersuchung und nach dem Nutzen, der sich daraus für Deine Seele ergibt. Ich will Dir sagen: Sie übt Deinen Geist und schärft ihn und hält ihn, der doch auf alle Fälle tätig sein will, bei einer ehrbaren Tätigkeit. Nutzen bringt aber auch das, was den aufzuhalten vermag, der eben daran ist, zu schlechtem Tun aufzubrechen. Doch ich muß Dir weiterhin sagen: In keiner Weise kann ich mehr Segen stiften, als wenn ich Dir Dein Gutes zeige, wenn ich Dich von der vernunftlos stummen Kreatur absondere und Dich neben Gott stelle.

Wozu, so frage ich Dich, nährst Du die Kräfte Deines Körpers und übst sie? Den Tieren des Hauses und auf freier Wildbahn hat die Natur sie in größerem Umfang verliehen. Wozu hältst Du so viel auf Dein Äußeres? Selbst wenn Du alles aufbietest, sind Dir doch die stummen Tiere darin überlegen. Weshalb frisierst Du Dich mit so unglaublicher Hingabe? Laß Dein Haar wie die Parther herabfallen, oder binde es zum Knoten wie die Germanen, laß es wirr flattern wie die Skythen ... eine dichtere Mähne weht um das Haupt eines jeden Pferdes und eine schönere prangt stolz am Nacken des Löwen. Oder versuch es mit der Schnelligkeit, und Du wirst es doch mit dem bescheidenen Häschen nicht aufnehmen können.

Willst Du Dich nun von den Dingen abwenden, worin Du unterliegen mußt, da sie Deinem Wesen fremd sind, willst Du zu Deinem Dir eigenen Gut zurückkehren? Und welches Gut ist es? Nun, es ist eine lautere und reine Seele, die dem Göttlichen nachstrebt, die sich erhebt über die menschlichen Dinge und außerhalb ihrer selbst kein Interesse besitzt.

Du bist ein vernunftbegabtes Wesen. Was für ein Gut ist demnach in Dir? Die vollkommene Vernunft. Rufst Du sie dazu auf, nach Kräften ihrem Ziele entgegenzuwachsen? Dann darfst Du Dich für glücklich halten, wenn Dir jegliche Freude aus ihr erwächst, wenn Du Dir alles, was Menschen erraffen und ersinnen und worüber sie ängstlich wachen, angesehen hast und doch nichts findest, was Du nicht etwa lieber, sondern überhaupt wolltest.

Ich will Dir eine kurze und bündige Formel nennen, die Du für Dich als Maßstab nehmen und nach der Du zu erkennen vermagst, wie es um Deine Vollkommenheit steht: Du wirst dann den richtigen Standpunkt einnehmen, wenn Du Dir darüber klar bist, daß die Unglücklichsten glücklich sind. Lebe wohl!

Wie man Sklaven behandeln soll.

Brief 47

Mit Freuden vernehme ich von denen, die von Dir kamen, daß Du mit Deinen Sklaven auf freundschaftlichem Fuße stehst; dies entspricht durchaus Deiner verständigen Gesinnung, Deiner Bildung. Es sind Sklaven – nein, Menschen; Sklaven – nein, Deine Hausgenossen; Sklaven – nein, es sind Deine Freunde, nur eben aus niederem Stande; Sklaven – nein, Deine Mitsklaven, wenn Du bedenkst, daß das Schicksal über Dich und über sie die gleiche Macht besitzt. Deshalb kann ich nur lächeln über die, welche etwas Schimpfliches darin sehen, mit ihren Sklaven an *einem* Tisch zu speisen. Weshalb denken manche so? Nur weil eine stolze Gewohnheit den Herrn beim Speisen mit einer Schar stehender Diener umgeben hat.

Der Herr nimmt mehr Speise zu sich, als ihm zuträglich ist, und er mutet seinem ausgeweiteten Magen, der schon gar nicht mehr als Magen sich betätigt, mit ungeheurer Gier eine allzu große Last zu, so daß es ihm mehr Mühe macht, alles wieder von sich zu geben, was er mit geringerer Mühe aufgenommen hat. Den armen Sklaven aber ist es verwehrt, die Lippen zu bewegen, selbst bloß um zu reden. Ein leises Flüstern schon wird mit der Rute bestraft, und nicht einmal so zufällige Dinge wie Husten, Niesen und Schlucken bleiben ohne Strafe; durchbricht ein Laut das Stillschweigen, so setzt es schwere Strafe ab, und die ganze Nacht hindurch müssen sie dastehen, ohne einen Bissen zu sich zu nehmen, ohne ein Wort zu sprechen.

Die Folge davon ist, daß sie *über* den Herrn sprechen, da sie ja *vor* ihm den Mund nicht auftun dürfen. Diejenigen Sklaven aber, die nicht nur *vor* ihren Herrn, sondern auch *mit* ihnen reden durften, deren Mund nicht verschlossen war, zögerten nicht, für den Herrn ihren Nacken hinzuhalten und jegliche Gefahr, die ihm drohte, auf sich zu lenken. Bei den Gastmählern eben waren sie gewohnt zu sprechen und dafür schwiegen sie auf der Folterbank.

Man bekommt auch immer wieder jenes Sprichwort an den Kopf geworfen, das gleiche Anmaßung bezeugt: Wie viele Sklaven, so viele Feinde. Die Sklaven sind aber nicht von vornherein unsere Feinde, wir machen sie erst dazu. Von anderen unmenschlichen Grausamkeiten schweige ich einstweilen lieber noch: Daß wir nicht Menschen, sondern Lasttiere in ihnen sehen, daß uns bei Tische der eine den Speichel abwischen muß, während ein anderer am Boden kriechend die Spuren der Trunkenheit zu tilgen hat. Ein dritter muß das kostbare Geflügel tranchieren und in Stücke zerlegen und dabei achten, daß er die Hand geschickt zwischen der Brust und den Schenkeln durchführt ... der Ärmste, der nur dafür leben darf, daß er Mastgeflügel sachgemäß zerteilt! Aber erbärmlicher ist doch noch der Herr, der solches vorschreibt, um seine Gelüste zu stillen, als der Sklave, der es lernen muß, um sein Leben zu behalten. Ein anderer muß den Mundschenk machen, muß sich wie ein Weib herausputzen und hat Not, sein Alter zu verleugnen; denn er darf dem Knabenalter nicht entwachsen, und man hält ihn mit Zwang davor zurück; schon im waffenfähigen Alter muß er glattrasiert und mit gänzlich ausgerissenen Haaren ganze Nächte hindurch wachen, muß sie teils der Trunkenheit, teils der Wollust seines Herrn opfern und muß im Schlafgemach Mann sein, während er bei Tische den Knaben zu spielen hat.

Wieder ein anderer muß sich der Gäste annehmen. Da steht nun der Arme und sucht zu ergründen, wen Schmeichelei und tüchtiges Zugreifen beim Mahle oder unterhaltsames Geschwätz für die morgige Einladung geneigt macht. Dazu kommen noch die Sklaven, denen es obliegt, die Zukost einzukaufen; sie müssen den Gaumen ihres Herrn genauestens kennen und müssen wissen, was für ein Geschmack ihn reizt, welcher Anblick ihn ergötzt, welches Gericht so ungewohnt für ihn ist, daß es seinen empfindlichen Magen reizen könnte, sie müssen wissen, was der Herr schon so oft genoß, daß es ihn ekelt, wonach ihn aber gerade heute gelüsten könnte.

Der Herr erträgt es nicht, mit solchen Leuten zu speisen, und glaubt, es tue seiner Hoheit Abbruch, wenn er sich mit einem Sklaven am gleichen Tisch niederläßt. Da seien die Götter davor! Wie viele Herren mögen unter seinen Sklaven sein? Ich habe es selbst gesehen, wie vor der Schwelle des Callistus[44] dessen einstiger Herr stand, der ihm einst das Täfelchen mit dem Kaufpreis angeheftet und der ihn unter der billigen Sklavenware angeboten hatte; ich sah es, wie er abgewiesen wurde, während die anderen Einlaß fanden. Das war der Dank jenes Sklaven, den sein Herr unter der Schundware ausgeboten hatte, an der der Ausrufer zuerst sein Glück versuchte. Er hatte ihn nun auch von sich gestoßen und hatte ihn für unwürdig erklärt, seine Schwelle zu betreten.

Der Herr hat den Callistus verkauft; aber wie vieles hat Callistus seinem Herrn heimgezahlt! Willst Du nicht daran denken, daß der, den Du einen Sklaven nennst, aus dem gleichen Samen entsprossen ist wie Du, daß derselbe Himmel sich über ihm wölbt, daß er die gleiche Luft atmet, daß er genauso lebt und stirbt? Du kannst in ihm genauso einen Freien sehen wie er in Dir einen Sklaven. Die Niederlage des Marius[45] hatte zur Folge, daß das Schicksal viele Männer edler Abkunft zu Boden warf, Leute, die die Senatorenwürde als Lohn für ihre Kriegsbewährung erwarten durften; den einen hat es zum Hirten gemacht, den anderen zum Wächter einer Hütte. Nun verachte einen anderen, der einem Stand angehört, in den Du jederzeit selbst überwechseln kannst!

Doch ich will mich jetzt nicht auf ein unerschöpfliches Thema stürzen und von der Behandlung der Sklaven sprechen, gegen die wir uns allzu übermütig, grausam und schimpflich benehmen. Was ich Dir überhaupt ans Herz legen will, ist dies: Verfahre mit jedem, der unter Dir steht, so, wie Du von dem behandelt werden willst, der über Dir steht! Jedesmal, wenn Du daran denkst, wie Du einen Sklaven behandeln darfst, denke auch daran, daß das gleiche deinem Herrn Dir gegenüber gestattet ist. Du wendest ein, Du hättest keinen Herrn über Dir. Aber Du bist doch noch jung, und vielleicht hast Du einmal einen über Dir. Weißt Du nicht, in welchem Alter Hekuba[46] noch anfangen mußte, Sklavendienste zu leisten, oder Krösus[47], des Darius Mutter[48], Platon[49] und Diogenes[50]?

Sei immer milde, ja freundlich zu Deinen Sklaven; unterhalte Dich mit ihnen, suche ihren Rat und hole sie an Deinen Tisch! Freilich wird mir jetzt die ganze Schar der verzärtelten Herrchen zurufen: »Wie gemein, wie schimpflich!« Und doch werde ich vielleicht Gelegenheit haben, die gleichen anzutreffen, wie sie die Hände der Sklaven anderer küssen . . .! Denkt ihr denn nicht daran, wie unsere Vorfahren jede Gehässigkeit von den Herren, aber auch jede Beschimpfung von den Sklaven fernhielten? Bei ihnen hieß der Herr »Hausvater«, die Sklaven aber nannte man, wie man heute noch im Theater hören kann, »Hausgenossen«. Man feierte sogar ein Fest, an dem nicht nur die Herren mit den Sklaven speisen sollten, sondern an dem sie ihnen auch den Ehrenplatz im Hause einräumten und Gericht zu halten erlaubten; auf diese Weise wurde zum Ausdruck gebracht, daß das Haus ein Staat im kleinen sei.

»Was soll das heißen«, so fragst Du, »soll ich nun alle Sklaven zur Tafel laden?« Nein, sowenig wie alle Freien. Aber Du bist im Irrtum, wenn Du meinst, ich würde welche von ihnen wegen ihrer gewissermaßen unsauberen Beschäftigung ausschließen, etwa den Maultiertreiber oder den Kuhhirten. Nein, ich werde sie nicht nach der Art ihrer Tätigkeit, sondern nach ihrem Charakter beurteilen; diesen hat ein jeder selbst zu verantworten, die Beschäftigung dagegen ist Sache des Zufalls. Einige mögen mit Dir speisen, *weil* sie es verdienen, andere, *damit* sie es verdienen! Denn wenn ihnen von ihrer unsauberen Betätigung her noch etwas Sklavenhaftes anhaftet, so wird dies gerade der Umgang mit gebildeteren Menschen beseitigen.

Es kommt nicht darauf an, mein Lucilius, daß Du Deine Freunde nur auf dem Forum oder in der Kurie suchst. Gibst Du genau acht, so wirst Du sie auch im eigenen Hause finden. Oft ist es doch so, daß ein guter Stoff brachliegt, weil sich kein Künstler findet, der ihn bearbeitet; versuch's und befasse Du Dich damit! Wer ein Pferd kaufen will, ohne daß er es selbst in Augenschein nimmt, sondern nur die Reitdecke oder das Geschirr, der ist ein Tor; aber der allergrößte Tor ist der, der die Menschen nach dem Gewande beurteilt, oder nach dem Lebensstandard, der uns wie ein Gewand einhüllt.

»Er ist ein Sklave«, so heißt es; aber er ist vielleicht ein Freier hinsichtlich seines Geistes; »er ist ein Sklave«, wird ihm dies schädlich sein? Zeige mir einen, der kein Sklave ist! Der eine ist ein Knecht der Wollust, der andere der Habsucht, und ein dritter des Ehrgeizes, alle aber sind Sklaven der Furcht. Ich kann Dir einen ehemaligen Konsul nennen, der sklavisch einem alten Weib ergeben ist, einen reichen Mann, der sklavisch einer Magd untertan ist, junge Männer aus der besten Gesellschaft, die als Sklaven Schauspielern verfallen sind.

Keine Knechtschaft aber ist schimpflicher als eine, die man freiwillig auf sich nahm.

So laß Dich von jenen eingebildeten Herren nicht davon abbringen, zu Deinen Sklaven freundlich zu sein, und verzichte darauf, in stolzem Hochmut den Übergeordneten zu spielen! Mögen sie Dich lieber ehren als fürchten! Freilich wird es nun heißen, ich wolle den Sklaven zur Freiheit verhelfen und ich wolle die Herren von ihrer Höhe herabstürzen, wenn ich so spreche. Und dann fragt wieder einer, ob die Sklaven ihren Herren wie Klienten ergeben sein sollen, wie Leute, die nur kommen, um ihre Aufwartung zu machen ... Wer so spricht, vergißt, daß für die Herren das nicht zuwenig sein kann, was den Göttern genügt, die man doch ehrt und liebt. Liebe und Furcht kann man doch nicht miteinander vermischen. Deshalb glaube ich, Du handelst ganz richtig, wenn Du Wert darauf legst, daß Dich Deine Sklaven nicht fürchten, und wenn Du deshalb auf die Prügelstrafe verzichtest. Prügel haben ja nur bei unverständigen Tieren eine Wirkung.

Nicht alles, was unseren Unwillen erregt, verletzt uns schon; aber unsere Verweichlichung treibt uns zur Raserei, so daß alles unseren Zorn reizt, was nicht unserem Willen entspricht. Wir benehmen uns ganz und gar wie Tyrannen; denn auch sie denken nicht mehr an die Grenzen ihrer Macht und achten nicht der Schwächen der anderen, wenn sie vor Zorn entbrennen und in Wut geraten, nicht anders, als hätten sie ein Unrecht erlitten, wovor sie doch ihre unangreifbare Stellung ganz und gar behütet. Das wissen sie auch sehr wohl, aber sie ergreifen jede Gelegenheit, anderen zu schaden, indem sie die Beleidigten spielen; d. h., sie geben sich als verletzt aus, um ihrerseits andere verletzen zu können.

Nun genug der Ermahnungen; Du bedarfst ihrer nicht! Das ist unter anderem der Vorzug guter Sitten, daß sie sich selbst gefallen und in sich selbst Bestand haben. Die Schlechtigkeit dagegen hat keinen Bestand; oft schlägt sie um, aber nicht zum Besseren, sondern in eine andere Bosheit. Lebe wohl!

Man ziehe sich
baldmöglichst von den Staatsgeschäften zurück.

Brief 22

Du wirst verstehen, daß Du Dich jener Beschäftigung, die einen so sehr mit Trug und Blendwerk umgaukelt, entziehen mußt. Du willst aber wissen, wie Du dies anstellen könntest. Es gibt Dinge, die man nur in persönlicher Anwesenheit auseinandersetzen kann. Der Arzt kann nicht vermittels eines Briefes die Zeit des Essens und Badens festlegen, ohne daß er seinem Patienten den Puls fühlt. Es ist eine alte Tatsache, daß der Fechter über seine Taktik erst in der Arena entscheidet. Faßt er den Gegner nämlich scharf ins Auge, so kann er aus seinem Mienenspiel, aus der Bewegung seiner Arme, ja selbst aus der Art, wie er seinen Rumpf beugt, Schlüsse ziehen. Gewöhnliche Verhaltensmaßregeln lassen sich im allgemeinen empfehlen und schriftlich mitteilen; ein solcher Rat wird nicht nur Abwesenden, sondern auch den Nachfahren erteilt.

Aber den anderen Rat, wann oder wie etwas geschehen muß, kann niemand aus der Ferne erteilen, da es nicht nur die Anwesenheit, sondern auch eine besondere Wachsamkeit erfordert, die entschwindende Gelegenheit wahrzunehmen. Deshalb sieh Dich nach ihr um, und wenn Du sie erblickst, dann fasse nach ihr! Setz allen Eifer und Deine ganze Kraft daran, Dich jeder Verpflichtung zu entziehen, und achte wohl, was ich Dir rate:

Ich bin der Ansicht, Du mußt entweder diese Tätigkeit aufgeben oder überhaupt aus dem Leben scheiden. Genauso bin ich auch überzeugt, daß Du dabei langsam und vorsichtig zu Werk gehen mußt, um den Zustand der Verworrenheit, den Du Dir selbst verursacht hast, lieber zu entwirren, als ihn jählings zu zerreißen; nur wenn es anders nicht möglich ist, solltest Du das letztere tun. Niemand ist so ängstlich, daß er lieber unablässig hangen und bangen als ein einziges Mal einen Sturz wagen wollte.

Doch vor allem, treibe die Verworrenheit nicht noch weiter: laß es genug sein mit den Aufgaben, die Du nun einmal übernommen hast, oder, wie Du es lieber ausdrücken möchtest, in die Du »hineingeschlittert« bist. Du darfst aber nicht noch mehr anstreben, sonst ist es vorbei mit diesem Entschuldigungsgrund, und es wird klarwerden, daß Du nicht unfreiwillig hineingeraten bist. Denn die gewöhnliche Ausrede, »ich konnte nicht anders, was wäre geworden, wenn ich nicht gewollt hätte, es war unbedingt nötig«, ist fehl am Platz. Für niemanden gibt es einen absolut zwingenden Grund, dem Glück nachzujagen. Freilich will es etwas heißen, stehenzubleiben, wenn uns das Glück mitreißen will, ihm nicht die Sporen zu geben, geschweige denn ihm Widerstand zu leisten.

Wird es Dir peinlich sein, wenn ich nicht bloß mit meinem Rat zu Dir komme, sondern noch andere hinzuziehe, klügere Männer als ich es bin, Leute, denen ich meine Zweifel mitzuteilen pflege? Nun, so lies den einschlägigen Brief des Epikur an Idomeneus, worin er diesen bittet, er solle sich möglichst beeilen und die Flucht ergreifen, bevor ihm eine größere Macht dies verwehre und ihm die Freiheit des Rückzugs benehme. Doch er fügt auch noch hinzu, man dürfe nichts versuchen, wenn dies nicht in der rechten Art und zur rechten Zeit möglich sei; aber man müsse schnell entwischen, wenn der längst ersehnte Augenblick eintrete. Er verbietet als demjenigen, der auf Flucht sinnt, Schlaf, und er rechnet mit einem glücklichen Entrinnen selbst aus den größten Schwierigkeiten, wenn wir weder *vor* der Zeit enteilen, noch im rechten Augenblick uns aufs Zaudern verlegen.

Jetzt, glaube ich, erwartest Du auch einen Ausspruch der Stoiker. Nun, niemand soll sie bei Dir in den üblen Ruf der Leichtfertigkeit bringen; ihre Vorsicht ist größer als ihre Tapferkeit. Du erwartest wohl, daß sie zu Dir sagen: »Schimpf und Schande über den, der sich einer Last entzieht; du mußt fertig werden mit der einmal übernommenen Pflicht. Wer vor den Mühen flieht, ohne daß gerade durch die Schwierigkeiten sein Mut noch wächst, der ist kein tüchtiger, kein energischer Mann.« So wird man zu Dir sprechen, wenn sich die Ausdauer lohnt, wenn es nichts zu tun oder zu leiden gilt, was eines guten Mannes unwürdig wäre. Sonst wird er sich nämlich nicht durch schmutzige und schmähliche Arbeit aufreiben und sich einer Tätigkeit widmen, nur um tätig zu sein. Nicht einmal das wird er tun, was Du sicher von ihm erwartest, nämlich daß er sich in ehrgeizige Pläne verstrickt und sich ständig zu ihrem Spielball macht; wenn er die schwierigen, unsicheren und gefährlichen Stellen sieht, zwischen denen er herumgetrieben wird, dann wird er sich zurückziehen, und zwar wird er dabei nicht den Rücken wenden, sondern er wird allmählich und vorsichtig auf sicheren Boden zurückweichen.

Es ist ja so leicht, mein Lucilius, sich Tätigkeiten, die unsere Zeit in Anspruch nehmen, zu entziehen, wenn man es über sich bringt, auf den Lohn, den sie eintragen, zu verzichten. Ja, dieser ist es, der uns hemmt und zurückhält: »Wieso soll ich so schönen Hoffnungen entsagen? Gerade auf die Ernte soll ich verzichten? Niemand mehr soll als Klient an meiner Seite folgen, meine Sänfte soll keine Begleitung mehr haben, mein Vorzimmer soll leer sein?« Ja, das ist es, wovon die Menschen sich so ungern trennen. Sie lieben eben den Lohn ihres Elends, doch ihr Elend selbst verwünschen sie. Sie klagen über den Ehrgeiz wie über eine Geliebte, das heißt – wenn man einen Blick in ihr Inneres tun könnte –, sie hassen den Ehrgeiz nicht, sondern sie hadern mit ihm.

Sieh Dir einmal diejenigen genauer an, die über das jammern, was sie sich selbst gewünscht haben, und die so tun, als wollten sie aufgeben, was sie doch nicht entbehren können: Du wirst sehen, daß sie aus freiem Willen dort verweilen, wo ihnen nach ihrer eigenen Aussage nur Leid und Elend begegnet.

So ist es, mein Lucilius, nur wenige hält die Knechtschaft in Fesseln, sehr viele aber lassen sie selbst nicht los. Hast Du aber den Vorsatz, sie aufzugeben, hast Du wirklich und aufrichtig etwas übrig für die Freiheit, und ersuchst Du nur deshalb um Bedenkzeit, um es ohne spätere beständige Reue tun zu können, warum sollte nicht die ganze Stoikerschar dazu ihren Beifall spenden? Alle Männer von der Art eines Zenon[51] oder eines Chrysipp[52] werden Dich dazu auffordern, Maß zu halten, anständig und Deiner Natur entsprechend zu handeln.

Zögerst Du aber deshalb, um Dich umzusehen, wieviel Du mitnehmen kannst und welche Mittel Dir zu Deiner Muße dienlich sein könnten, so wirst Du niemals einen Ausweg finden; keinem gelingt die Flucht, wenn er mit Gepäck »schwimmen« muß. Möchten Dir die Götter gnädig gewähren, Dich zu einem besseren Leben emporzuschwingen, aber nicht in der Weise, wie sie jene begünstigen, denen sie mit freundlicher und gütiger Miene ein glänzendes Elend gewähren, wobei sie nur die eine Tatsache entschuldigt, daß sie ihre leidvollen Geschenke solchen mitteilen, die darum bitten.

Schon wollte ich das Siegel auf diesen Brief drücken, aber ich muß ihn nochmals öffnen, damit er Dich wie gewöhnlich mit jenem kleinen Geschenk erreiche und irgendeine prächtige Sentenz enthalte. Da stoße ich auf folgendes wohl ebenso wahre wie schöne Wort ... von wem, fragst Du ... von Epikur, denn noch immer schmücke ich mich mit fremden Federn: »Jeder verläßt das Leben so, als wäre er eben erst ins Leben getreten.« Ja, wende Dich an den ersten besten Jüngling, Greis oder Mann, und Du wirst finden, daß alle gleicherweise den Tod fürchten und das Leben in der gleichen Art verkennen. Keiner ist mit seinem Tun am Ende, denn immer verschieben wir alles auf spätere Tage. Am meisten freut mich Epikurs Wort deshalb, weil er den Greisen vorwirft, sie verhielten sich nicht anders als die Kinder. »Niemand«, so behauptet er, »geht anders aus dem Leben, als er geboren ward.« Eigentlich ist dies sogar falsch; wir sind beim Tode schlechter als bei der Geburt, und zwar haben wir das selbst verschuldet, nicht etwa unsere Natur. Diese hat sogar Ursache, über uns zu klagen: Ich habe euch doch frei von Begierden, frei von Furcht und Aberglauben, ohne Treulosigkeit und alle anderen Übel geschaffen; so geht doch hin, wie ihr gekommen seid! Ja, der ist weise geworden, der genauso ohne Sorgen stirbt, wie er geboren wurde. So aber zittern wir, wenn sich eine Gefahr nähert; dahin ist aller Mut, und die Farbe entweicht aus unserem Antlitz, in Tränen brechen wir aus, ohne daß es etwas nützt.

Gibt es größeren Schimpf, als auf der Schwelle zur Befreiung von allen Sorgen es mit der Angst zu bekommen? Der Grund dafür ist einzig der, daß wir ein Leben führten, dem es ganz und gar am Sittlichguten gebrach. Denn kein Teil des Lebens erhielt Dauer, es ist vorüber und dahin! Niemand sorgt eben dafür, daß er gut lebt, jeder will nur möglichst lang leben, während es doch allen gelingen kann, gut zu leben, keinem aber, lang zu leben. Lebe wohl!

Der Philosoph bejaht
den Staat, da er ihm viel zu danken hat.

Brief 73

Im Irrtum scheinen mir jene zu sein, die da glauben, die getreuen Anhänger der Philosophie seien widersetzliche Elemente, Verächter der Obrigkeit und aller Vertreter der öffentlichen Macht. Im Gegenteil, niemand ist dankbarer gegen sie, und zwar aus gutem Grunde; denn niemand hat von ihnen größeren Nutzen als jene, die sich ruhiger Muße erfreuen dürfen. Deshalb müssen sie, die ihr hohes Ziel, nämlich das rechte Leben, durch die öffentliche Sicherheit erreichen, notwendigerweise den Garanten dieses Gutes wie einen Vater ehren, und zwar bestimmt noch weit mehr als jene Ruhelosen, die im öffentlichen Leben stehen, die den Fürsten wohl vieles zu danken haben, ihnen aber auch vieles nachtragen, welche ferner von der Freigebigkeit niemals so reichlich bedacht werden, daß sie ihre Gier sättigen könnten, die immer mehr wächst, je mehr man sie zufriedenstellt. Wer aber daran denkt, was er noch empfangen könnte, hat schon das vergessen, was er wirklich empfing; das Schlimmste an der Begehrlichkeit ist ja dies, daß sie nur den Undank kennt.

Dazu bedenke noch, daß keiner, der im Staatsdienst steht, darauf achtet, wie vielen er voransteht, sondern nur, wie viele noch vor ihm sind, und daß es ihnen weniger angenehm ist, viele hinter sich zu haben, als unangenehm, noch einen vor sich zu haben. Jede Form von Ehrgeiz leidet an dem Fehler, daß er nicht zurückschaut. Und nicht nur die Ehrsucht kommt nicht zur Ruhe, sondern überhaupt jede Begehrlichkeit, da sie immer vom Ende anfängt.

Aber ein tadelfreier, sauberer Charakter, der Kurie, Forum und den ganzen Staatsapparat verlassen hat, um sich zurückzuziehen und sich höheren Dingen zu widmen, liebt die, welche es ihm ermöglichen, dies in Sicherheit zu tun, er legt ohne ihr Wissen ein Zeugnis für sie ab und zeigt sich ohne ihr Wissen dankbar ihnen gegenüber. Wie er voll Achtung auf seine Lehrer blickt, denen er den Ausweg aus jener Wildnis dankte, so auch auf die, unter deren Schutz er seiner edlen Beschäftigung nachgeht.

»Aber auch über andere hält der Fürst seine schützende Hand.«

Wer kann es leugnen? Aber wie unter denen, die gleich gutes Fahrwetter hatten, derjenige dem Neptun größeren Dank zu schulden glaubt, der mehr und größere Wertsachen über das Meer brachte, wie der Kaufmann noch stürmischer seine Hände erhebt als der Passagier, wie unter den Kaufleuten der, welcher köstliche Essenzen, Purpur und Ware im Wert von Gold mit sich führt, noch hingebender dankt als der, welcher nur wertlosen Ballast geladen hatte, so wird auch die Wohltat dieser friedvollen Ruhe, obgleich sie allen zugute kommt, nur von dem tiefer empfunden, der sie klug zu nützen weiß. Denn es gibt unter den Männern in der Toga des Staatsdieners viele, die im Frieden noch weniger Zeit haben als im Krieg. Oder glaubst Du, daß Leute dem Frieden gleichen Dank wissen, die ihn für die Trunkenheit, für die Sinnenlust und für andere Laster benützen, die sogar im Kriege abgelegt werden müssen? Da mußt Du schon den Weisen für so selbstsüchtig halten, daß er für gemeinsame Güter nicht auch für seinen Teil Dank zu schulden glaubte. Unendliches verdanke ich der Sonne und dem Mond, und doch gehen sie nicht für mich allein auf, dem Jahr und der Jahresgottheit bin ich persönlich verpflichtet, obgleich nichts davon mir allein zu Ehren existiert.

Die törichte Habsucht der Menschheit macht einen Unterschied zwischen Besitz und Eigentum und hält nichts für ihr gehörig, was der Öffentlichkeit gehört; der Weise dagegen sieht in nichts so sehr das Seine wie in dem, woran er zusammen mit dem ganzen Menschengeschlecht Anteil hat. Solche Dinge besäßen ja nicht so sehr den Charakter des Gemeinsamen, wenn sie nicht zum Teil einzelnen gehörten; zum Mitgenuß erhebt einen auch das, was nur zum kleinsten Teil gemeinsam ist.

Nun aber bedenke doch, daß wahrhaft große Güter nicht in der Weise verteilt sind, daß auf einzelne nur ein kleiner Teil träfe, sie kommen vielmehr einem jeden in vollem Umfang zu. Bei einer öffentlichen Ölspende erhalten die Leute so viel, wie für jeden Kopf vorgesehen war; eine öffentliche Speisung, eine Verteilung von Fleisch und anderen Dingen, die sich mit Händen greifen lassen, läßt sich anteilmäßig festlegen. Aber jene unteilbaren Güter wie Friede und Freiheit gehören samt und sonders der Gemeinschaft so gut wie jedem einzelnen.

Der Weise denkt also daran, wer ihm den Gebrauch und den Genuß dieser Güter ermöglichte, wer dafür sorgt, daß ihn keine Not des Staates zu den Waffen ruft, zur Wache, zur Verteidigung der Mauern und zu den verschiedenen Verpflichtungen des

Krieges, und er dankt seinem Fürsten dafür. Das lehrt uns ja gerade die Philosophie in besonderem Maße, wie man für Wohltaten rechten Dank erstattet, wie man sie richtig erwidert. Manchmal aber ist schon die Anerkennung einer Wohltat selbst eine Antwort auf sie. Der Weise wird also zugeben, daß er dem vieles zu danken hat, durch dessen kluges Bemühen ihm seine behagliche Muße, die freie Verfügung über seine Zeit und jene Ruhe, die kein öffentliches Geschäft unterbricht, zuteil wurde. »Mälibous, ein Gott hat uns diese Ruhe beschert; stets wird mir nämlich dieser ein Gott sein!«[53]

Wenn nun schon jene Ruhe ihrem Spender großen Dank schuldet, deren größtes Geschenk in folgendem erwähnt ist: »Wie du siehst, hat er es den Rindern gestattet, weit umherzuschweifen, und mir selbst, mit der Hirtenflöte zu spielen, wie ich will . . .«[54], wie hoch sollten wir dann die *Ruhe* einschätzen, die man inmitten der Götter verbringt, ja die uns selbst zu Göttern macht?

Ja, mein Lucilius, so sage ich, und ohne Umschweife lade ich Dich in den Himmel ein. Sextius[55] sagte oft, Jupiter bedeute nicht mehr als ein wahrhaft guter Mann. Jupiter hat gewiß mehr, was er den Menschen gewähren kann, aber von zwei Guten ist derjenige, der mehr besitzt, nicht der Bessere, sowenig wie man unter zwei gleichermaßen geschickten Steuerleuten denjenigen besser nennen wird, der ein größeres und prunkvolleres Schiff zu lenken hat.

Was also soll Jupiter einem sittlich guten Mann voraus haben? Nun, das eine, daß er länger gut ist. Der Weise aber schätzt sich deshalb nicht geringer ein, weil seine Tugend auf kürzere Zeit beschnitten ist. Wie von zwei Weisen der, der ein höheres Alter erreicht, nicht glücklicher ist als der, dessen Tugend auf wenige Jahre beschränkt war, so übertrifft Gott den Weisen nicht an echtem Glück, wenn er auch länger Bestand hat als dieser. Eine Tugend, der längere Dauer beschieden ist, ist deshalb noch nicht größer.

Jupiter kann alles sein eigen nennen; er überläßt es allerdings andern, daß sie es besitzen. Er macht nur *den* Gebrauch davon, daß er allen zum Gebrauch verhilft. Und der Weise sieht mit dem nämlichen Gleichmut wie Jupiter alles in den Händen anderer, und er verachtet es so wie dieser, und er schätzt sich um so höher ein, da Jupiter von diesen Dingen ja keinen Gebrauch machen *kann*, während der Weise sie nicht gebrauchen *will*.

So wollen wir also dem Sextius glauben, der uns den schönsten

Weg weist, indem er uns zuruft: »So gelangt man zu den Sternen, hier, auf dem Wege der Enthaltsamkeit, der Mäßigung und des Starkmuts.« Die Götter sind weder stolz noch neidisch; sie lassen uns an sich herankommen, ja sie reichen uns sogar die Hand, wenn wir zu ihnen hinansteigen.

Es kommt Dir wundersam vor, daß ein Mensch zu den Göttern gehen soll? Ich sage Dir, Gott kommt zu den Menschen, ja noch mehr, er zieht in die Menschen ein. Kein Menschenherz ist gut ohne Gott. Göttlicher Same ist in den menschlichen Körper gesät; ist es ein guter Gärtner, dem er anvertraut ist, dann sprießt etwas empor, was seinem Ursprung gleicht und wächst so heran wie das, woraus es entstand; ist es aber ein schlechter Gärtner, so macht er den Samen zunichte wie ein unfruchtbarer Sumpfboden, und anstelle von Früchten läßt er das Unkraut wachsen. Lebe wohl!

Soll man weite Reisen machen?

Brief 28

Du wähnst, es sei Dir allein so ergangen, und Du wunderst Dich, als wäre es eine außergewöhnliche Sache, daß Du durch eine so lange Reise und durch mehrfachen Ortswechsel Deinen Trübsinn und Deine Schwermut nicht verscheuchen konntest. Du mußt Deinen Sinn verändern, nicht Deinen Aufenthaltsort. Magst Du über das weite Meer segeln, mögen Dir, wie Vergil[56] sagt, „Länder und Städte entschwinden"; wohin Du auch reisen magst, Deine Fehler folgen Dir auf dem Fuße nach. Zu einem, der sich ebenfalls bitter darüber beklagte, sagte Sokrates: »Was wunderst du dich über den Mißerfolg deiner Reisen, wo du doch dich selbst zum Reisegepäck hast?« Der gleiche Grund, der Dich auf Reisen sandte, verfolgt Dich auch auf Schritt und Tritt. Was soll Dir die Begegnung mit neuen Ländern nützen, was die Bekanntschaft mit Städten und Landstrichen? Vergeblich ist all dieses Schaukeln auf dem Schiff. Du fragst, warum Dir diese Flucht nichts nützt? Ja, Du fliehst eben zusammen mit Dir selbst! Erst müßtest Du die Last Deiner Seele abwerfen; vorher kann es Dir nirgends gefallen. Stell Dir vor, Dein Zustand sei ungefähr so, wie ihn unser Vergil[57] an jener Seherin schildert, die sich schon im Zustand der Verzückung und Erregung befindet und von einem Geist erfüllt ist, der nicht mehr ihr eigener ist: „Wild tobt die Prophetin, ob von der Brust den gewaltigen Gott sie abschütteln könne ...«

Bald treibt es Dich hierhin, bald dorthin, um die Bürde abzuwerfen, die Dich bedrückt, die aber nur um so unangenehmer wird, je mehr Du sie umherschleppst. Es ist nicht anders als bei einem Schiff, dessen Ladung weniger lästig wirkt, wenn sie unbewegt bleibt; verschiebt sich aber ihr Gewicht einseitig, so wird die Seite des Schiffes schneller versinken, auf welche sie zu liegen kommt. Was Du auch unternimmst, tust Du zu Deinem Schaden, und gerade die Bewegung schadet Dir, denn sie erschüttert ja einen Kranken. Hast Du aber jenes Übel von Dir genommen, dann wirst Du jeden Ortswechsel als angenehm empfinden. Mag Dich das Schicksal in die fernsten Länder verschlagen, in jedweden Winkel des unwirtlichen Barbarenlandes ... jeder Platz wird Dir zu einem angenehmen Aufenthalt.

Es kommt eben mehr darauf an, wie Du kommst, als wohin

Du reisest; deshalb sollen wir auch unser Herz nicht einem bestimmten Ort verschreiben. Es gilt die Einsicht zum Lebensgrundsatz zu machen, daß man nicht für einen einzigen Winkel geboren ist, sondern daß die ganze Welt unser Vaterland ist. Wärest Du davon überzeugt, so könntest Du erstaunt sein, daß jeder Ortswechsel, den Du von Zeit zu Zeit aus Überdruß vornimmst, ganz und gar nichts nützt; am ersten besten Platz würdest Du Dich wohl fühlen, wenn Du jeden Ort für den Deinen hieltest. Du reisest ja nicht, nein, Du irrst umher und läßt Dich von Ort zu Ort treiben, während Dein ersehntes Ziel, nämlich ein glückliches Leben, an jedem Ort zu finden wäre.

Auf dem Forum geht es doch gewiß laut her! Aber auch hier kann man ruhig leben, wenn es sein muß. Kann ich aber frei über mich verfügen, so werde ich freilich schon den Anblick und die Nähe dieses Platzes fliehen; denn wie ungesunde Orte auch die beste körperliche Gesundheit gefährden, so gibt es auch welche, die einem zwar im Grund guten, aber noch nicht genügend ausgereiften und widerstandsfähigen Gemüt nicht gerade zuträglich sind. Ich halte es nicht mit denen, die sich mitten in die Flut stürzen und sich aus lauter Freude an einem sturmbewegten Leben tagtäglich tapferen Sinnes den Schwierigkeiten zum Kampfe stellen. Der Weise wird freilich mit solchen Situationen fertig werden, er wird sie aber nicht suchen, sondern wird lieber im Frieden leben als im Kampf …

Dagegen wendest Du ein, Sokrates habe inmitten der dreißig Tyrannen leben müssen und habe sich seinen Mut doch nicht nehmen lassen. Aber was tut schon die Zahl der Herren? Die Knechtschaft ist ein und dieselbe, und wer diese verachtet, ist auch unter noch so vielen Herren ein freier Mensch.

Doch nun muß ich aufhören … freilich gilt es vorher noch den Botenlohn zu entrichten. »Der Anfang des Heils ist die Erkenntnis der Sünde.« Das hat Epikur, wie mir scheint, doch trefflich gesagt. Denn wer nicht weiß, daß er Fehler macht, hat auch nicht den Willen, sich zu bessern. So mußt Du Dich also selbst bei Deinen Fehlern ertappen, bevor Du Dich bessern kannst. Manche machen sich sogar noch groß mit ihren Fehlern. Kannst Du glauben, daß einer an eine Besserung denkt, wenn er seine Laster für Tugenden ansieht? Deshalb geh mit Dir selbst, so gut du kannst, ins Gericht, … mach erst Deinen eigenen Ankläger, dann Deinen Richter und erst zuletzt Deinen Anwalt; beleidige Dich bisweilen selbst! Lebe wohl!

Vom Wert der freien Künste und Wissenschaften

Brief 88

Du verlangst zu wissen, wie ich über die freien Künste und Wissenschaften denke. Nichts davon schätze ich hoch, ich rechne nichts unter die Güter, sofern das Geld dabei im Spiele ist. Das sind Fertigkeiten, die dem Erwerb dienen, und sie sind nur insoweit nützlich, daß sie den Geist vorbereiten, nicht aber für immer an sich fesseln. Man darf sich nur so lange mit ihnen abgeben, als der Geist nichts Wichtigeres zu tun hat. Es sind nur unsere Anfangsgründe, nicht schon etwa die Werke selbst, die wir schaffen müssen. Warum man sie »freie« Künste und Wissenschaften nennt, ist leicht einzusehen: weil sie eben eines freien Menschen würdig sind. Im übrigen gibt es nur eine einzige wirklich freie Wissenschaft, nämlich die, welche uns frei macht. Es ist das Wissen um die Weisheit, jene erhabene, starke und große Wissenschaft; die übrigen alle sind unbedeutendes Kinderwerk.

Oder hältst Du es etwa für möglich, daß an einem Wissen etwas Gutes ist, das, wie man sieht, von den gemeinsten und minderwertigsten Menschen gelehrt wird? Solches Wissen sollten wir nicht erst lernen, sondern schon längst uns zu eigen gemacht haben. Einige hielten es für nötig, die freien Künste und Wissenschaften daraufhin zu untersuchen, ob sie einen zu einem guten Mann machen könnten. Solches versprechen sie ja nicht einmal, und sie maßen sich in dieser Hinsicht keine besondere Fähigkeit an. Der Grammatiker nämlich interessiert sich einzig für die Sprache und darüber hinaus allenfalls noch für die Mythen und, wenn er besonders weit gehen will, auch für die Dichtung.

Aber was von alldem weist uns den Weg zur Tugend? Etwa die Erklärung von Silben oder die sorgfältige Beschäftigung mit dem Wortschatz, das Auswendiglernen von Fabeln, die Grundgesetze der Verslehre und der Prosodie? Was von all diesen Dingen ist geeignet, einem die Furcht zu nehmen, Leidenschaften zu bannen, Begierden zu zügeln?

Nicht besser steht es um die Geometrie und Musik: Nichts wirst Du hier finden, was uns die Furcht oder die Begierde nehmen könnte. Hat man aber nicht gelernt, sich davon frei zu machen, so hat man alles andere umsonst gelernt.

Lehren denn diese Leute die Tugend, oder tun sie dies nicht? Wenn es nicht der Fall ist, dann teilen sie diese auch ihren Hörern nicht mit, tun sie es aber, so sind sie Philosophen. Soll ich Dir sagen, wie fern es ihnen liegt, sich hinzusetzen und die Tugend zu lehren? Nun, so sieh doch, wie verschiedenartig ihre Studien sind! Es handelte sich doch um durchaus ähnliche Studien, wenn sie alle dasselbe lehrten! Es müßte denn sein, daß sie Dir einreden wollten, Homer sei ein Philosoph gewesen, während sie doch mit den gleichen Beweisgründen auch das Gegenteil behaupten. Denn bald machen sie einen Stoiker aus ihm, der es bloß mit der Tugend hält, alle sinnlichen Genüsse meidet und vom Sittlichguten nicht einmal um den Preis der Unsterblichkeit abläßt. Bald stempeln sie ihn zum Epikureer, der nur den ruhigen Zustand des Staates preist und ein Leben, das man mit Gastereien und Gesang hinbringt; dann machen sie wieder einen Peripatetiker aus ihm, der die Güter klassifiziert, dann einen Akademiker, der jegliches sichere Wissen leugnet. Es ist klar, daß nichts davon bei Homer zu finden ist, weil sich alles bei ihm finden soll; denn diese Meinungen widerstreiten ja einander. Doch wir wollen ihnen einräumen, daß Homer ein Philosoph war. Ein Weiser war er nämlich schon geworden, ehe er sich mit irgendwelchen Gedichten befaßte. Wollen wir also sehen, was den Homer zum Weisen machte! Aber eine Untersuchung, wer der ältere war, Homer oder Hesiod, tut so wenig zur Sache wie die Frage, ob Hekuba jünger war als Helena und warum Homer mit dem Lebensalter seiner Helden solche Not hatte.

Nun muß ich Dich fragen, ob es nach Deiner Ansicht zur Sache gehört, das Lebensalter des Patroklus und des Achill zu untersuchen? Ist es für Dich wichtiger zu wissen, wo Odysseus umhergeirrt ist, als dafür zu sorgen, daß nicht auch wir beständig irren müssen? Mir jedenfalls fehlt es an der Zeit, Reden darüber anhören zu können, ob er zwischen Italien und Sizilien umhergetrieben wurde oder außerhalb des uns bekannten Erdkreises; denn in einem so engen Raum konnte seine Irrfahrt ja nicht so lange dauern. Die Stürme der Seele werfen uns tagtäglich umher, und unsere Schlechtigkeit treibt uns in alle Verhängnisse des Odysseus: Da ist eine herrliche Gestalt, die unser Auge reizt, dort stoßen wir auf Feinde; hier tauchen wilde

Ungeheuer auf, die nach Menschenblut dürsten, dort ertönen verführerische Stimmen, und es drohen Schiffbruch und eine endlose Kette von Unglück.

Lehre mich das Vaterland, die Gattin und den Vater lieben, bringe mir bei, wie ich auch als Gestrandeter noch zu solch edler Haltung finde! Was kümmert es Dich, ob Penelope keusch war oder ob sie ihre Zeitgenossen hinterging; ob sie, noch bevor sie es wußte, Odysseus in dem Mann vermutete, der vor ihr stand? Ich möchte lieber erfahren, was Keuschheit ist, welch großes Gut in ihr begriffen ist, und ob sie mit dem Körper oder mit dem Geist zu tun hat!

Nun zur Musik! Du klärst mich darüber auf, wie die hohen und niedrigen Töne harmonieren und wie aus den Saiten, die ungleiche Töne von sich geben, ein Zusammenklang entsteht: Bringe mich lieber dahin, daß meine Seele mit sich selbst harmoniert und daß mein Wollen keine Mißtöne aufweist! Du zeigst mir, welche Weisen klagend klingen; zeige mir lieber, wie ich es machen muß, daß ich mitten im Unglück keinen Klageton anstimmen muß!

Da ist die Meßkunst, die mir beibringt, wie man riesige Grundstücke ausmißt, statt mich zu lehren, wie ich das rechte Maß für den Menschen finde. Sie lehrt mich zählen und meine Finger in den Dienst des Geizes stellen, statt mich zu überzeugen, daß all dieses Rechnen zu nichts taugt und daß jener, an dessen Vermögen die Rechenmeister erliegen, nicht glücklicher sei, sondern daß er viel Ballast um sich hat und daß er der Unglücklichste wäre, wenn er berechnen müßte, wieviel er aus sich selbst an sich hat.

Was nützt es, wenn ich imstande bin, ein Landstück aufs genaueste auszumessen, wenn ich nicht dazu zu bewegen bin, es mit meinem Bruder zu teilen? Was nützt es, genauestens ein Joch Land nach dem Maß zu bestimmen und zu erspähen, was der Meßrute entging, wenn mich ein Nachbar, der mir ein Stück abzwackt, schon trostlos macht? Ich werde unterwiesen, wie ich es anstellen muß, daß ich von meinem Grund und Boden nichts verliere; ich bedarf aber der Unterweisung, wie ich ihn heiteren Sinnes ganz verlieren kann.

Da sagt einer: »Man jagte mich aus dem Gut meines Vaters und Großvaters.« Wem gehörte denn dieses Gut vor Deinem Großvater? Kannst Du herausbringen, ich sage nicht, welchem Menschen, sondern nur welchem Volke es einst gehörte? Nicht als Herr, nur als Mieter bist Du dort eingezogen. Von wem hast Du es gemietet? Wenn es gut geht, von Deinem Erben. Die Juristen behaupten, durch den Gebrauch werde noch kein Eigentum begründet. Nun, es ist also öffentlicher Besitz und gehört der ganzen Menschheit.

Welch herrliche Kunst: Du bist in der Lage, runde Flächen auszumessen, jede Figur, die man Dir vorlegt, in ein Quadrat zu verwandeln, Du weißt die Entfernungen der Gestirne zu nennen, es gibt nichts, woran Du nicht Deinen Maßstab legst. Bist Du aber ein wirklicher Meister in Deiner Kunst, dann miß den Geist des Menschen und bestimme seine Größe oder seine Kleinheit! Du weißt Bescheid über die Gerade; was nützt es Dir, wenn du nicht weißt, was im Leben gerade ist?

Nun komme ich aber zu dem, der sich rühmt, über die Himmelskörper Bescheid zu wissen, »wohin das Gestirn des kalten Saturn sich zurückzieht, welche Kreise das Feuer des Merkur am Himmel durchwandelt«[58]. Was nützt solches Wissen? Daß ich es mit der Angst bekomme, wenn Saturn und Mars einander gegenüberstehen, oder wenn Merkur am Abend untergeht im Angesicht des Saturn . . . statt daß ich lerne, daß alle diese Gestirne günstig sind und unwandelbar, wo immer sie stehen? Es leitet sie eine beständige schicksalhafte Ordnung auf einer festgelegten Bahn; in bestimmtem Wechsel kehren sie wieder und beeinflussen den Ausgang aller Geschehnisse, zum wenigsten aber sind sie beobachtende Begleiter. Doch mag es sein, daß sie jegliches Geschehen bewirken, worin wäre dann der Nutzen zu suchen, den die Kenntnis eines unabänderlichen Vorganges gewährt? Gesetzt aber, daß sie den Ausgang einer Sache nur andeuten, was hilft es dann, vorauszusehen, was man doch nicht umgehen kann? Du magst es wissen oder nicht, es wird doch geschehen. »Schaust du den Schwung der Sonne, des Mondes geordnet folgende Phasen, wird nie der morgige Tag dich enttäuschen, nimmer wirst du verlockt durch die Tücke heiterer Nächte.«[59]

Es ist genug und hinreichend dafür gesorgt, daß ich vor Widerwärtigkeiten sicher bin. Erspart mir etwa die folgende Stunde schon ihre Enttäuschung? Nein, es täuscht uns ja alles, was uns begegnet, ohne daß wir es vorher wissen. Ich weiß nicht, was geschehen wird, sondern nur was geschehen kann, das weiß ich. Deshalb werde ich nichts für unmöglich halten; ich sehe allem entgegen, und wenn mir etwas erspart bleibt, so bin ich darüber glücklich. Mich täuscht die Stunde, wenn sie meiner schont, aber selbst dann täuscht sie mich nicht eigentlich. Denn wie ich weiß, daß alles geschehen *kann,* so weiß ich auch, daß nicht alles geschehen *wird.* Daher erwarte ich das Günstige nicht unbedingt, auf das Schlechte bin ich gefaßt.

Du mußt mir schon gestatten, daß ich in dieser Frage von der landläufigen Meinung abweiche. Ich lasse mich nämlich nicht dazu verleiten, auch die Malerei in die Zahl der freien Künste aufzunehmen, sowenig wie die Bildhauerkunst und die Kunst der Marmorarbeiter oder die der übrigen Diener der Üppigkeit. Ebenso rechne ich das Tun der Ringkämpfer und die ganze mit Öl und Kot bedeckte »Wissenschaft« nicht darunter; sonst müßte ich ja auch die Salbenhändler, die Köche und alle übrigen aufnehmen, die ihre Begabung unseren Gelüsten anpassen. Denn ich bitte Dich, was haben jene Menschen Freies an sich, die sich schon am Morgen übergeben, deren Körper sich in der Mast befindet, während der Geist eine Hungerkur macht und der Schlafsucht verfallen ist? Oder halten wir es für eine »freie Beschäftigung« unserer Jugend, wenn wir sie wie unsere Vorfahren darin ausbilden, wie man aufrecht stehend den Speer wirft, den Pfahl schleudert, wie man Pferde tummelt und mit den Waffen umgeht? Sie brachten ihren Kindern nichts bei, was man mühelos »im Liegen« erlernen kann. Aber weder solche noch andere Künste lehren und nähren die Tugend. Was nützt es schon, ein Pferd zu lenken und durch den Zügel seinen Lauf zu bestimmen, während man selbst sich von ungezügelten Leidenschaften hinreißen läßt? Was nützt es, beim Ringen und im Faustkampf über viele Herr zu werden, selbst aber dem Zorn zu erliegen?

Bringen uns also die freien Künste und Wissenschaften keinerlei Nutzen? Ja, für andere Dinge wohl so manchen, für die Tugend aber durchaus keinen. Denn auch die sogenannten niederen Künste, die man mit der Hand betreibt, fördern wohl unsere Lebensbedingungen in hohem Maße, auf die Tugend aber haben sie keinerlei Einfluß. Weshalb unterrichten wir dann unsere Söhne in den freien Künsten und Wissenschaften? Nicht deshalb etwa, weil diese Bildung die Tugend zu geben vermag, sondern weil sie die Seele für die Tugend bereitmachen. Auch jene elementare Buchstabenkunde, wie die Alten sie nannten, welche den Knaben die ersten Kenntnisse vermittelt, lehrt ihren Zöglingen nicht schon gleich die freien Künste und Wissenschaften, sondern sie schafften erst die Voraussetzungen dafür; genauso führen die freien Künste und Wissenschaften die Seele nicht zur Tugend hin, sondern bereiten ihr nur den Weg zu diesem Ziele.

Posidonius[60] nimmt vier Arten von Künsten an: gemeine und schmutzige, spielerische, kindhafte und freie. Unter den gemeinen versteht er das Tun der Handwerker, die sich damit befassen, durch ihrer Hände Arbeit das Leben zu erleichtern; ihnen liegt jede Anmaßung von Erhabenheit fern. Spielerische Künste sind solche, die der Lust der Augen und der Ohren dienen wollen; zu ihnen gehören die Werke der Künstler, die automatisch arbeitende Maschinen ersinnen und Gerüste, die von selbst in die Höhe wachsen, ohne ein Geräusch zu verursachen, und andere mannigfaltige Überraschungen wie Vorrichtungen, die erst zusammengefügt waren, dann auseinanderklafften, oder solche, die in Teile zerlegt von selbst sich zusammenfügten, oder wieder andere, die hoch emporragten und schön langsam in sich selbst zusammenschrumpften. Solche Dinge fesseln das Auge des Laien, der alles Überraschende bestaunt, da er die Ursache nicht kennt.

Kindhafte Künste, die mit den freien Künsten und Wissenschaften einige Ähnlichkeit haben, sind jene, welche die Griechen »enzyklische«, wir aber eben »freie« nennen. Die einzigen freien aber, oder besser gesagt, die wirklich freien sind jene, die auf die Tugend zielen. Nun bekommt man folgendes zu hören: »Wie ein Teil der Philosophie die Naturwissenschaft ist, ein anderer die Moral, ein dritter die Lehre von der Vernunft, so erhebt auch die ganze Schar der freien Künste Anspruch auf einen Platz in diesem Bereich der Philosophie. Hat man es mit naturwissenschaftlichen Untersuchungen zu tun, so stützt man sich auf die Geometrie, weshalb diese ein Teil der Philosophie sein muß, der sie ja dient.« Nun, viele Dinge dienen uns und sind deshalb noch keineswegs Teile von uns; wären sie dies nämlich, so beschränkten sie sich nicht auf das Dienen. Die Nahrung zum Beispiel ist ein Hilfsmittel für den Körper, aber kein Teil desselben. Die Geometrie leistet uns wohl einigen Dienst und sie ist eine Voraussetzung für die Philosophie, so wie sie selbst etwa auf den Verfertiger von Meßinstrumenten angewiesen ist, aber es ist weder dieser ein Teil der Geometrie noch diese ein Teil der Philosophie; ganz abgesehen davon, daß beides seine bestimmte Grenze hat. Der Philosoph untersucht und erkennt die Ursachen der natürlichen Dinge, deren Zahlen und Maße der Geometer ermittelt und berechnet. Der Philosoph kennt die Entstehung, die Wirkung der Himmelskörper und weiß über ihr Wesen Bescheid. Der Mathematiker aber befaßt sich mit ihrer zyklischen Bahn, mit ihrem Aufgang und ihrem Untergang, ferner mit der Erscheinung ihres zeitweisen Stillstandes, die im Gegensatz zu der Tatsache steht, daß Himmelskörper niemals stillstehen können. Weshalb ein Spiegel Bilder wiederzugeben vermag, das weiß der Philosoph; doch die Entfernung, die ein Gegenstand vom Bild haben muß und welche Art von Bildern eine jede Art von Spiegeln wiedergibt, das kann Dir nur der sagen, der sich auf die Geometrie versteht.

Daß die Sonne groß ist, wird Dir der Philosoph nachweisen, *wie* groß sie aber ist, das beweist der Mathematiker, der dabei aus praktischer Erfahrung zu schöpfen und methodisch vorzugehen weiß. Dazu muß er freilich gewisse Prinzipien anderswoher übernehmen. Keine Kunst aber ist selbständig, deren Grundlage entlehnt werden muß. Die Philosophie dagegen erbittet nichts aus einem anderen Bereich, sie errichtet ihr ganzes Lehrgebäude auf eigenem Grund. Die Mathematik steht gewissermaßen nur oben drauf, das heißt also, auf fremdem Boden. Sie bekommt von der Philosophie die geistigen Grundlagen vermittelt, auf denen sie dann weiterbauen kann. Würde sie den Weg zur Wahrheit von sich aus beschreiten, könnte sie auch die Natur des ganzen Weltalls ergründen, so würde ich sagen, sie leiste unserem Geist einen großen Dienst, da dieser durch die Beschäftigung mit den Erscheinungen am Firmament selbst emporwächst und sich etwas zu eigen macht, was der Höhe zugeordnet ist.

Aber es gibt nur eines, was den Geist zur Vollendung führt, nämlich die unwandelbare Kenntnis von Gut und Böse; und sie wiederum ist einzig und allein Sache der Philosophie, denn keine andere Wissenschaft interessiert sich für das Wesen von Gut und Böse. Wollen wir einmal die einzelnen Tugenden durchgehen:

Die *Tapferkeit* ist die Verächterin des Furchtbaren. Sie sieht auf alles Furcherregende und auf alles, was unsere Freiheit gefährdet, herab, stellt es zum Kampfe und zerschmettert es. Empfängt sie etwa die Kraft hierfür von den freien Künsten?

Die *Treue* ist das heiligste Gut des menschlichen Herzens; sie läßt sich nie zu einer Täuschung zwingen, und keine Belohnung vermag sie zu bestechen. Brenne mich, so spricht sie, verwunde mich, töte mich . . . ich werde nichts preisgeben, sondern je tiefer der Schmerz wühlt, um das gehütete Geheimnis zu finden, desto tiefer will ich es verbergen. Nun, vermögen etwa die freien Künste eine solche Gesinnung zustande zu bringen?

Die *Enthaltsamkeit* zügelt die sinnlichen Genüsse. Einige von ihnen haßt sie und weist sie von sich, andere verteilt sie vorsichtig, und wieder andere beschränkt sie auf das rechte Maß, wobei sie nie wegen ihrer selbst sich mit ihnen einläßt. Sie ist sich klar, daß es das beste Maß für die begehrten Dinge ist, wenn man sich von ihnen nicht aneignet, soviel man *will*, sondern soviel man *muß*.

Die *Menschenliebe* versagt uns jeglichen Hochmut gegenüber dem Nächsten und verbietet uns vollends die Habsucht. In Worten, Taten und Empfindungen zeigt sie sich allen gütig und freundlich; kein menschliches Versagen ist ihr fremd, und was an ihr gut ist, das liebt sie deshalb besonders, weil es irgend jemandem Nutzen bringen könnte. Ist dies etwa ein Verhalten, das uns die freien Künste lehren? Nein, dies gilt für die Menschenliebe sowenig wie für die Einfachheit, die Bescheidenheit und Mäßigung, für die Enthaltsamkeit, für die Sparsamkeit oder für die Milde, die das Blut des Mitmenschen genauso schont wie das eigene und die weiß, daß man mit seinem Nächsten sorgfältig umgehen muß.

Nun sagt man: »Wenn ihr darauf besteht, daß man ohne die freien Künste und Wissenschaften nicht zur Tugend gelange, wie könnt ihr dann behaupten, sie leisteten der Tugend überhaupt keinen Dienst?« Weil man nicht ohne Nahrung zur Tugend gelangt, so gehört doch bei Gott nicht etwa die Nahrung zur Tugend! Das Holz hat keineswegs etwas mit dem Schiff zu tun, und doch entsteht kein Schiff ohne Holz. Damit will ich sagen, man dürfe nicht glauben, daß etwas *mit Hilfe* der Sache werde, *ohne die* es nicht entstehen kann. Man kann sogar die Behauptung aufstellen, man könne ohne die freien Künste und Wissenschaften zur Tugend gelangen; denn obgleich man die Tugend erlernen muß, so läßt sie sich doch nicht durch die freien Künste und Wissenschaften erlernen. Weshalb sollte ich der Meinung sein, jemand, der die Buchstaben nicht beherrsche, könne unmöglich weise werden, wo doch die Weisheit keineswegs mit den Buchstaben etwas zu tun hat; sie lehrt ja Taten, nicht Worte, und wer weiß, ob nicht jenes Gedächtnis zuverlässiger ist, das außer sich über keinerlei Hilfsmittel verfügt. Die Weisheit ist etwas Gewaltiges, was über einen weiten Raum verfügt;

deshalb bedarf sie zu ihrer Entfaltung eines freien Raumes: Sie umfaßt als Lehrgegenstände die göttlichen und menschlichen Dinge, das Vergangene und Zukünftige, Vergängliches und Ewiges und schließlich die Zeit selbst; bedenke doch, wie viele Fragen einzig und allein das Problem der Zeit in sich begreift. Erstens einmal, ob sie *an sich* etwas sei; sodann, ob es etwas gebe, was *vor* der Zeit sei, etwas Zeitloses; ob die Zeit mit der Welt *zusammen* zu existieren begann, oder allenfalls auch *vor* der Welt, da es damals doch wohl etwas gegeben habe, eben die Zeit?

Zahllose Fragen sind allein mit dem Problem der Seele verknüpft, etwa woher sie stamme, welcher Art sie sei, welchen Anfang sie nehme und welche Dauer ihr verliehen; ob sie etwa den einen Körper verlasse, um in den anderen überzugehen, das heißt, ob sie ihren Aufenthaltsort wechsle, indem sie sich immer wieder an den Körper anderer Lebewesen binden lasse, oder ob sie nicht öfter als einmal in der Knechtschaft eines Körpers stehen müsse und dann befreit im Weltall schweifen dürfe; ob sie ein Körper sei oder nicht; was sie tun werde, wenn sie in ihrem Handeln nicht mehr an uns gebunden ist. d. h., welchen Gebrauch sie von ihrer Freiheit machen wird, sobald sie dieses Gefängnis verläßt; ob sie etwa alles, was sie hinter sich hat, vergißt und sich erst in dem Augenblick erkennt, da sie sich, dem Gefängnis des Körpers entronnen, in ein höheres Leben aufschwingt? Über welchen Bereich der göttlichen wie der menschlichen Dinge Du auch Dein Auge schweifen läßt, es wird ermüden in der unendlichen Fülle der Fragen und Probleme. Um dieser Fülle von gewaltigen Dingen in Deiner Seele freien Zugang zu bereiten, wirst Du alles Nebensächliche daraus verbannen müssen. Die Tugend wird sich nicht in eine solche Enge begeben; etwas Großes benötigt einen entsprechend weiten Raum. Alles werde aus Deiner Brust verwiesen, allein der Tugend stehe sie in vollem Umfang offen!

»Aber die Beherrschung vieler Wissenschaften bereitet eben doch Vergnügen!« Nun, so wollen wir denn so viel von ihnen behalten, wie wir brauchen! Oder glaubst Du, den tadeln zu müssen, der sich überflüssige Dinge anschafft und mit Wertgegenständen in seinem Hause prunkt, nicht aber den, der sich mit dem ganzen überflüssigen Hausrat von Wissenschaften eindeckt? Ein übermäßiger Wissensdurst ist eine Form von Maßlosigkeit. Außerdem macht dieses Jagen nach den freien Künsten den Menschen widerwärtig, geschwätzig, naseweis und selbstgefällig und lenkt davon ab, das Nötige zu lernen, weil man Überflüssiges gelernt hat. Nicht weniger als viertausend Bücher hat der Grammatiker Didymus[61] verfaßt; man müßte schon Mitleid mit ihm haben, wenn er soviel Unnötiges allein schon *gelesen* hätte! In diesen Büchern geht es einmal um die Vaterstadt Homers, ein andermal um die wirkliche Mutter des Aeneas, dann wieder um die Frage, ob Anakreon[62] mehr unter seiner Wollust als unter seiner Trunksucht litt, schließlich, ob Sappho[63] eine öffentliche Dirne war und dergleichen mehr, was man wieder verlernen sollte, falls man es schon wüßte.

Nun geh und sage noch, das Leben sei nicht lang! Aber auch wenn Du zu unseren Philosophen kommst, werde ich Dir vieles zeigen können, das man mit der Axt abhauen sollte. Mit einem riesigen Zeitaufwand und sehr zum Schrecken für die Ohren anderer feilscht man um das Lob: »Was für ein gelehrtes Haus!« Wollen wir uns doch mit dem gewöhnlichen Titel begnügen: »Was für ein guter Mann!« Ist es nicht so? Ich sollte die Chroniken aller Völker durchgehen, um herauszubekommen, wer die ersten Gedichte verfaßt hat? Ich sollte – noch dazu ohne einen Kalender – berechnen, wie weit Orpheus und Homer zeitlich auseinander seien? Ich sollte die gelehrten Anmerkungen des Aristarch[64], mit denen er die Gedichte anderer spickte, nachprüfen, und sollte mir mein Leben mit Silbenfuchsereien verekeln? Und ich sollte so haften bleiben im Staube der Geometrie? Habe ich wirklich in solchem Maße auf die heilsame Lehre vergessen, die da befiehlt: »Sei sparsam mit der Zeit!« Sollte ich mein Wissen wirklich mit solchen Dingen belasten? Und was ist es dann, was ich nicht wissen sollte?

Der Grammatiker Apion[65], von dem unter C. Caligula ganz Griechenland sprach und in dem man allenthalben einen zweiten Homer sah, stellt die Behauptung auf, Homer habe erst, als er mit den beiden Stoffen der Ilias und der Odyssee fertig war, seinem Werk, das den Trojanischen Krieg umfaßt, den Anfang hinzugefügt; er wollte es damit beweisen, daß der Dichter an den Beginn des ersten Verses absichtlich zwei Buchstaben setzte, welche die Zahl seiner Bücher bedeuteten. Ein solches Wissen ist etwas für einen Vielwisser, der sich keine Gedanken darüber macht, wieviel Zeit er für Krankheiten, öffentliche und private Tätigkeit, für die Mühen des Alltags, ja für den Schlaf opfern muß. Nun miß aber einmal Deine Lebenszeit! Für so vieles reicht sie gar nicht aus.

Ich spreche von den freien Wissenschaften; wieviel überflüssigen Ballast schleppen nicht auch die Philosophen mit sich, lauter Dinge ohne jeden praktischen Wert! Auch sie haben sich mit der Silbenfuchserei eingelassen und mit den Eigentümlichkeiten von Konjunktionen und Präpositionen, voll Neid auf die Grammatiker und die Meister der Geometrie. Alles, was diese Überflüssigkeiten in ihrer Wissenschaft mit sich herumschleiften, übertrugen sie auf ihre eigene Wissenschaft. So kommt es, daß sie besser zu sprechen als zu leben verstanden. Doch höre, was eine übertriebene Genauigkeit anzurichten vermag und wie gefährlich sie ist für die Wahrheit!

Protagoras[66] behauptet, man könne in jeder Sache in gleicher Weise dafür und dagegen eingestellt sein, auch hinsichtlich dessen, daß diese Behauptung zutrifft! Nausiphanes[67] sagt, über jegliche Dinge, die zu existieren scheinen, lasse sich nichts mit mehr mit Sicherheit aussagen, als daß sie nicht existieren. Parmenides stellte den Satz auf, von den Dingen, die zu sein scheinen, bestehe in Wirklichkeit nichts als das Weltall. Zeno aus Elea[68] entzog jeglichem Sein den Boden; er behauptete, es existiere überhaupt nichts. Auf der gleichen Linie bewegen sich die Pyrrhoniker, Megariker, Eretrier und Akademiker, die sogar das *Nichtwissen* als neue Wissenschaft eingeführt haben.

Dies alles sollst Du zum nutzlosen Haufen der freien Wissenschaften werfen. Die einen vermitteln nur zweckloses Wissen, die anderen nehmen einem jede Hoffnung auf Wissen überhaupt; doch ist es noch besser, etwas Überflüssiges zu wissen als gar nichts. Jene tragen mir kein Licht voran, um meine Augen auf die Wahrheit zu lenken, diese aber stechen mir die Augen aus. Glaube ich dem Protagoras, so gibt es in der Welt der Dinge nur Zweifelhaftes; Nausiphanes kennt nur die eine Gewißheit, daß nichts gewiß ist; Parmenides[69] läßt nur das Eine, das All existieren, Zeno aber nicht einmal dieses. Was also ist denn dann mit uns? Was ist das alles, was uns umgibt, was uns nährt, was uns leben läßt? Die ganze Natur wäre ja dann ein leerer, trügerischer Schatten. Die Entscheidung fällt mir nicht leicht, ob ich jenen mehr zürnen soll, die uns jegliches Wissen abstreiten wollten, oder denen, die uns nicht einmal das Nichtwissen übrigließen! Lebe wohl!

DIALOG »VON DER VORSEHUNG«

(De providentia)

I.

Mein Lucilius, du begehrst von mir zu erfahren, warum den guten Menschen so viel Übles zustößt, wo doch die Welt von einer Vorsehung gelenkt werde. Nun, das ließe sich leichter im Zusammenhang einer Abhandlung darlegen, in der der Beweis erbracht würde, daß über dem Universum eine Vorsehung walte und daß die Gottheit sich mit uns befasse. Weil aber nun aus dem Ganzen ein Bruchstück herausgelöst werden soll und weil es gilt, ohne Rücksicht auf das Gesamtproblem einen einzigen, bestimmten Einwand zu lösen, so will ich den Anwalt der Götter spielen, was nicht allzu schwierig ist.

Es erübrigt sich, im gegenwärtigen Augenblick darauf hinzuweisen, daß eine so gewaltige Schöpfung unbedingt eines Wächters bedarf und daß dieses Zusammenstreben und Auseinanderlaufen der Himmelskörper nicht von einem zufälligen Anstoß herrührt, daß Impulse des Zufalls oft Verwirrung und Zusammenstöße zur Folge hätten, – während dieser ununterbrochen rasche Lauf der Gestirne durch das Walten eines ewigen Gesetzes bewirkt werde, jener Ablauf, der eine solche Masse von Dingen auf der Erde und im Wasser und eine solche Menge von hellaufstrahlenden und nach einer vorgegebenen Ordnung leuchtenden Lichtern umgreift, daß eine solche Ordnung nicht aus einem chaotischen Urstoff entstehen kann; und ein Etwas, das sich blindlich zusammengesellte, käme nicht so kunstvoll im All zu schweben, daß das Schwergewicht der Landmasse einen unverrückbaren Schwerpunkt bildete und der eilenden Flucht des kreisenden Himmelsbogens zusehen könnte, daß ferner die in die Landmulden gedrungenen Meere den Boden durchfeuchteten, ohne daß die dort mündenden Flüsse Überschwemmungen verursachten, und daß aus winzigen Keimen so Gewaltiges erwüchse. Auch was jeglicher Ordnung und Regel zu entbehren scheint, nämlich Regen und Gewölk, das Einschlagen der geschleuderten Blitze, ferner die Feuerströme, die sich aus den gespaltenen Bergesgipfeln ergießen, das Erzittern des wankenden Erdbodens und all die anderen Erschütterungen der Erde auf Grund irgendwelcher Katastrophen ... auch dies geschieht nicht ohne Regel, obgleich es sich nicht vorausberechnen läßt; es haben vielmehr auch diese Vorgänge ihre bestimmten Ursachen genauso wie die wunderbaren andernorts beobachteten Vorgänge, z. B. die warmen

Quellen inmitten von Wasserfluten und die Bildung von neuen Inseln, die im weiten Weltmeer auftauchen. Beobachtet man außerdem, daß die Ufer sich unbedeckt erstrecken, wenn das Meer sich in sich selbst zurückzieht, daß sie aber in kurzer Zeit wieder vom Meerwasser bedeckt sind, soll man dann annehmen, es handle sich um einen zufälligen Strömungsvorgang, der die Wasser bald sich zusammenziehen und nach innen strömen, bald wieder hervorbrechen und mit gewaltigem Anlauf den alten Platz einnehmen heißt, wo doch die Gewässer in einem bestimmten Rhythmus anwachsen und auf Tag und Stunde genau jeweils größer und wieder kleiner sich nähern, je nach der Einwirkung des Mondgestirns, nach dem sich die Strömung des Ozeans richtet? Davon soll zur rechten Zeit noch die Rede sein, um so mehr, als du die Vorsehung nicht etwa in Zweifel ziehst, sondern Kritik an ihr übst. Ich will dich versöhnen mit den Göttern, die gerade gegen die Besten sich auch als die Besten zeigen. Es verträgt sich ja auch nicht mit der Natur der Dinge, daß das Gute den Guten schade. Zwischen den Guten und den Göttern besteht ein freundschaftliches Verhältnis, da die Tugend es ist, welche die Verbindung zustande bringt. Ist es nur ein freundliches Verhältnis? Nein, sogar ein inniges, ja sogar ein Zustand der Ähnlichkeit, da sich der gute Mensch nur hinsichtlich seiner Zeitgebundenheit von der Gottheit unterscheidet – als ihr Schüler, ihr Nachahmer und echter Sproß, den jener große Vater, der die Menschen mit Kraft zur Tugend hinlenkt und gar hart erzieht, wie es eben bei einem strengen Vater üblich ist.

Wenn du also Zeuge bist, wie gute Menschen und Götterlieblinge sich anstrengen müssen, wie sie Schweiß vergießen, um die steilen Pfade emporzuklettern, während die Bösen schwelgen und im Wohlleben dahintreiben, dann bedenke, wie auch wir uns freuen, wenn sich unsere Söhne bescheiden geben, während es unsere jungen Haussklaven gar toll treiben dürfen. Jene sind ernsthafter Zucht unterworfen, während wir die Sklaven in ihrem Mutwillen bestärken. Und das nämliche soll dir hinsichtlich der Gottheit ebenfalls klar sein: mit einem guten Menschen geht sie nicht sehr zart um, sie prüft ihn, härtet ihn und formt ihn ihr gemäß.

II

»Warum müssen die Guten so viel Widerwärtigkeiten hinnehmen?« Nein, nimmer kann einem Guten etwas Böses zustoßen!
Solche Gegensätze lassen sich nicht zusammenbringen. Wie die
Unzahl von Strömen, von Regenmassen, die vom Himmel stürzen, und wie die starke Kraft der Heilquellen den Geschmack
des Meerwassers nicht zu ändern vermag, ja, ihm nicht einmal
die Schärfe nimmt – so vermag auch der Ansturm widriger
Schicksale die Gesinnung einer starken Persönlichkeit nicht zu
beeinflussen. Ein solcher Mensch bleibt standhaft, und was immer geschieht, er weiß sich anzupassen, ist er doch mächtiger
als alle äußeren Einwirkungen. Und ich behaupte nicht, er habe
kein Gefühl dafür, aber er wird damit fertig und wächst in
seiner Ruhe und Friedfertigkeit über alles hinaus, was wider
ihn anstürmt. Alle Widerwärtigkeiten sieht er als Gelegenheiten
an, sich zu bewähren. Doch welcher aufrechte Mann von echtem
Ehrgefühl wird kein Verlangen tragen nach einer rechten Anstrengung, wird nicht bereit sein, gerade auch gefahrvolle Pflichten zu erfüllen? Ist nicht für jeden tätigen Menschen das Nichtstun eine Strafe? Wir sehen es ja, wie sich die Athleten beim
Training immer mit den Stärksten im Kampfe messen und wie
sie von ihren Übungspartnern stets verlangen, daß sie ihre volle
Kraft gegen sie einsetzen. Sie nehmen Verwundungen und Qualen in Kauf, und finden sie nicht einzelne, die ihnen gewachsen
sind, dann nehmen sie es gleichzeitig mit mehreren auf. Ohne
Gegner verliert aller Mut seine Kraft. Wenn er sich im Dulden
bewähren muß, dann kommt seine Größe an den Tag, und dann
zeigt sich seine echte Stärke. So wisse denn, die Guten müssen
genauso verfahren, dürfen das Harte und Schwere nicht scheuen
und über das Schicksal nicht jammern. Alles, was über sie kommt,
sollen sie für gut erachten und zum Besten wenden.

Es kommt nicht darauf an, was man zu tragen hat, sondern
wie man es trägt. Beobachtest du nicht, wie verschieden Väter
und Mütter ihre Elternpflichten erfüllen: die Väter wollen, daß
ihre Kinder schon früh zur Arbeit gewiesen werden; nicht einmal an Feiertagen lassen sie ihnen ihre Ruhe und verursachen
ihnen Schweiß, ja bisweilen sogar Tränen. Die Mütter aber wollen ihre Kinder an sich drücken, wollen sie in ihrem Schatten
halten; die Kinder sollen nicht traurig sein und nicht weinen

und sollen sich nie abplagen müssen. Nun, die väterliche Verfahrensweise wendet die Gottheit an gegenüber den Guten, und sie ist ihnen dabei von Herzen zugetan. Sie sollen nach ihrem Willen durch Schmerzen und üble Erfahrungen angestachelt werden, daß sie zu wirklicher Kraft gelangen. Wer sich mästet, erschlafft in Faulheit und ihm macht nicht nur eine Anstrengung, sondern schon eine Bewegung, ja sein eigenes Körpergewicht schon Mühe. Ein Glückszustand, der keine Anfechtung erfährt, hält keinen Schlag aus. Wer sich aber ständig mit Widerwärtigkeiten herumschlagen muß, der bekommt durch die Plackereien eine dicke Haut und weicht keinem Übel aus, und stürzt er, so kämpft er auf den Knien weiter.

Du wunderst dich, daß die Gottheit trotz ihrer großen Liebe zu den Guten, die sie möglichst tüchtig und vortrefflich sehen will, eben diesen Guten ein Schicksal auferlegt, das sie schmerzvoll in Übung halten soll? Was mich betrifft, so finde ich es nicht verwunderlich, wenn die Götter dann und wann das Verlangen überkommt, große Männer im Kampf mit irgendeinem Mißgeschick zu sehen. Auch uns macht es doch zuweilen ein Vergnügen, wenn ein tapferer junger Mann ein anrennendes Tier mit dem Jagdspeer auffängt, wenn er dem Anspringen eines Löwen unerschüttert standhält, ja, ein solches Schauspiel ergötzt uns um so mehr, je ehrenvoller der Mann sich schlägt. Natürlich handelt es sich dabei nicht um einen Vorgang, der die Aufmerksamkeit der Götter erregen könnte, es sind vielmehr Kindereien, und ergötzen mag sich daran die menschliche Anspruchslosigkeit. Doch siehe, ein Schauspiel, das die Aufmerksamkeit eines Gottes verdient, der mit Gefallen auf seine Schöpfung schauen will ... ein Kämpferpaar, das eines Gottes wert ist, das ist ein starker Mann im Kampf mit seinem Schicksal, besonders dann, wenn er selbst es in die Schranken gerufen hat. Nochmals: Ich weiß nicht, was Jupiter Schöneres auf der Welt haben könnte, wollte er darauf sein Auge richten, wie ein Cato[1] nach der wiederholten Niederlage seiner Partei immer noch unerschüttert steht und auch im gänzlichen Ruin seiner Politik sich dennoch aufrecht hält. »Mag sich alles«, so sagt er, »der Herrschaft des Einen beugen, mögen die Länder von den Legionen bewacht sein und die Meere von den Flotten, mögen Caesars Häscher die Tore besetzt halten ... Cato weiß einen Weg! Mit einer einzigen Hand wird er der Freiheit eine breite Gasse schlagen. Dieses Schwert – auch im Bürgerkrieg hielt ich es rein und sauber – wird endlich einer guten und edlen Tat dienen; die Freiheit wird es Cato geben, die es dem Vaterland nicht erringen konnte. Wohlan, Cato, ans Werk, das du schon so lange geplant! Mach dich frei von den irdischen Dingen! Ein Petreius, ein Juba[2] haben schon die Schwerter gegeneinander erhoben und fanden den Tod, einer von der Hand des anderen erschlagen; ein heroischer, ein ruhmreicher Bund des Todes, doch nicht ziemlich für unsere Größe! Für Cato ist es so schändlich, von jemand den Tod wie das Leben zu erbitten.«

Kein Zweifel, die Götter haben es mit hoher Freude gesehen, wie dieser Mann, sein eigener fanatischer Rächer, auf die Rettung anderer bedacht ist, wie er noch die Flucht der Unterlegenen organisiert, wie er noch in seiner letzten Nacht über den Büchern sitzt[3], wie er das Schwert in seine reine Brust stößt, wie er sein Inneres von sich gibt und seiner großen Seele, die nicht durch ein Schwert befleckt werden durfte, mit eigener Hand den Weg aus dem Körper bahnt! Deshalb glaube ich, war die Wunde nicht tief genug, deshalb war sie nicht hinreichend, da es den unsterblichen Göttern nicht genügte, den Cato nur ein einzigesmal zu sehen. Seine erhabene Seele sollte noch zurückgehalten, nochmals zurückgerufen werden, um sich in noch größerer Bewährung zu zeigen; denn es erfordert nicht so viel Mut, einmal in den Tod zu gehen, wie ihn ein zweitesmal zu suchen. Warum sollten sie nicht gerne Zeugen sein, wenn ihr eigener Sproß auf so ruhmreiche, so unerhörte Weise hinschied? Unsterblichkeit bringt der Tod jenen ein, deren Hingang auch die preisen, die davor zittern.

III.

Nun, da wir in unseren Überlegungen schon so weit sind, möchte ich doch darlegen, wieso das, was als Übel erscheint, in Wirklichkeit keines ist. Zunächst stelle ich die These auf, das, was du als unangenehm, als widerlich, ja als fluchenswert bezeichnest, sei erstens einmal ein Glück für die Betroffenen, sodann ein Glück für alle insgesamt, da sich die Sorge der Götter der Allgemeinheit mehr zuwendet als den einzelnen. Außerdem behaupte ich, daß es nicht gegen ihren Willen über sie komme und daß sie schließlich das Unheil verdienen, wenn es sie wirklich gegen ihren Willen trifft. Ergänzend will ich noch bemerken, daß es vermöge des Schicksals in dieser Weise seinen Lauf nehme und daß es die Guten gemäß dem gleichen Gesetz treffe, wonach sie eben selbst auch gut sind. Schließlich aber will ich dir klarmachen, daß du einen guten Menschen nie zu bemitleiden brauchst; denn man kann ihn nur beklagenswert nennen, *sein* kann er es aber nicht!

Meine erste These scheint mir die schwierigste zu sein, daß das, wovor wir schaudern und beben, für die Betroffenen ein Glück sein soll. Du wendest natürlich ein: »Ein Glück soll es sein, wenn man in die Verbannung[4] gejagt, in die Armut gestürzt wird, wenn man Weib und Kinder hergeben, Schmach und Schande auf sich nehmen und jeglichen Nachteil erleiden muß?« Wunderst du dich darüber, daß dies ein Glück sein soll, dann wirst du dich auch wundern, wenn manche durch Schneiden und Brennen Heilung empfangen, ja auch durch Hunger und Durst! Bedenkst du aber, daß man, um zu heilen, dann und wann Knochen auslösen und entfernen muß, daß man Adern herausnehmen, ja in gewissen Fällen sogar ganze Glieder amputieren muß, die ohne Gefahr für den ganzen Körper nicht erhalten werden könnten ... erwägst du dies, so wirst du es wohl auch als Beweis dafür anerkennen, daß manche Unannehmlichkeit für jene ein Glück bedeutet, die es trifft, wahrhaft nicht minder, als daß hochgepriesene und begehrte Dinge jenen zum Schaden gereichen, die ihr Ergötzen daran finden, ganz ähnlich wie es zu gehen pflegt, wenn man dem Magen zu viel Speise und Trank zumutet, und in all den anderen Fällen, wo die Lust gar zum Tode führen kann.

Unter den vielen trefflichen Aussprüchen unseres Demetrios[5] findet sich auch der Satz, den ich frisch im Gedächtnis habe; er tönt mir noch spürbar in den Ohren: »Nichts will mich elender bedünken als ein Mensch, der von jeglicher Widerwärtigkeit verschont blieb.« Denn einem solchen ward es nicht zuteil, daß er sich selbst kennenlernen durfte, mag ihm alles nach Wunsch gegangen sein, mag der Erfolg seine Wünsche übertroffen haben – die Götter haben ihn doch nicht gut eingeschätzt, da sie ihn für unwert hielten, einmal das Schicksal bezwingen zu dürfen, das oft gerade vor den feigsten Existenzen halt macht, als wollte es sagen, »wozu soll ich mich mit diesem einlassen, der doch gleich den Kampf aufgeben wird? Gegen den bedarf es nicht meines ganzen Einsatzes, der hat ja schon Angst vor der geringsten Drohung! Man besorge mir einen anderen, um mich mit ihm zu messen! Schämen müßte ich mich, wollte ich mich mit einem einlassen, der schon vorher bereit ist, zu kapitulieren«.

Ja, auch der Gladiator erachtet es als Schande, mit einem Schwächeren kämpfen zu müssen, weiß er doch, daß ein gefahrloser Sieg auch keinen Ruhm einbringt. Genauso verhält sich das Schicksal, es wendet sich an die Stärksten, die ihm gewachsen sind, und kehrt sich von gewissen anderen angeekelt ab. Wo es auf Trotz stößt und auf eine unbeugsame Haltung, da greift es an, um seine Kraft daran zu bewähren. Die Feuerprobe verlangte es von Mucius[6], die Prüfung der Armut von Fabricius[7], der Verbannung von Rutilius[8], mit Martern stellte es den Regulus[9] auf die Probe, mit Gift den Sokrates, im Tode ließ es Cato sich bewähren. Große, beispielhafte Taten kommen nur durch ein widriges Schicksal zustande.

Ist etwa Mucius deshalb unglücklich, weil er seine Rechte ins Feuer des Feindes legt und sich für seinen eigenen Irrtum bestraft? Weil er ferner den König mit der versengten Hand zur Flucht bewegt, was ihm mit der bewaffneten nicht gelingen wollte? Wie? Wäre er wirklich glücklicher, wärmte er seine Hand am Busen seines Mädchens?

Ist Fabricius unglücklich, weil er in der Zeit, da ihn der Staat nicht in Anspruch nimmt, sein Landstück umgräbt? Weil er im gleichen Maße mit Pyrrhus zu kämpfen hat wie mit dem Verlangen nach Reichtum? Weil er eben Wurzeln und Kräuter an seinem eigenen Herd verzehrt, die er als Unkraut von seinem Acker entfernte, er, der greise Triumphator? Wie? Wäre er wirklich glücklicher, stopfte er sich mit exotischen Fischen und fremdländischem Geflügel den Bauch voll, oder wollte er mit Austern aus den westlichen und östlichen Meeren seine Magenverstimmung zu beheben versuchen oder garnierte er mit einer Menge von Tafelobst das erlesene Wildbret, das den Jägern manchen Blutstropfen kostete?

Ist Rutilius unglücklich, weil sich seine Richter vor allen Jahrhunderten werden verantworten müssen? Weil er es mit größerer Ergebung hinnahm, daß man ihn dem Vaterland entriß, als daß man seine Verbannung aufhob? Weil er als einziger dem Diktator Sulla sein Nein entgegenschleuderte und seine Rückberufung nicht nur ablehnte, sondern sich noch weiter von Rom entfernte? Damals sprach er: »Mögen jene Zeugen des Geschehens sein, die dir dein Glück zu Rom in die Hände fallen läßt! Mögen sie Ströme von Blut weithin über das Forum fluten sehen und über dem Teich des Servilius – hier ist ja die Mördergrube für Sullas Ächtungen – die Häupter der Senatoren und die Scharen von Mördern, die allenthalben die Stadt durchstreifen; mögen sie zusehen, wie Tausende von römischen Bürgern trotz, ja wegen der Zusicherung, daß ihnen nichts geschehe, massakriert werden! Sollen sie es sehen, die es nicht über sich bringen, in der Verbannung zu leben!«

Wie? Ist ein Sulla glücklich, wenn ihm der Weg aufs Forum mit dem Schwert gebahnt wird, wenn er die Köpfe von Persönlichkeiten konsularischen Ranges vorzeigen lassen kann und wenn er in der Lage ist, das Blutgeld durch den Quästor auf Staatskosten auszahlen zu lassen? Und das alles tut der Schöpfer der lex Cornelia![10]

Nun zu Regulus! Was konnte ihm das Schicksal damit anhaben, daß es ihn zu einem Vorbild von Treue und Geduld machte? Nägel durchdringen seine Haut, wohin er den geschundenen Körper legt, legt er sich auf eine Wunde, und seine Augenlider sind ihm so geöffnet, daß er niemals mehr Schlaf finden kann. Je schlimmer die Folter, desto größer sein Ruhm. Willst du wissen, wie wenig es ihn reut, sich um solchen Preis für die Tugend entschieden zu haben? Gib ihm wieder seinen unversehrten Körper zurück und schick ihn in den Senat... er wird sich nicht anders entscheiden!

Da will dir Maecenas[11] glücklicher scheinen, den die Liebe foltert, der darob Tränen vergießt, daß ihm sein launisches Eheweib Tag für Tag den Rücken kehrt, und der den Schlaf zu finden begehrt, indem er von ferne den weichen Klang der Musik an sein Ohr dringen läßt? Mag er Betäubung suchen in erlesenen Weinen, mag er sich zerstreuen wollen am raschen Lauf des Wassers, mag er mit tausend Lüsten sein gequältes Herz betrügen... auf seinem Daunenpolster findet er genausowenig Schlaf wie der andere auf der Folterbank! Nur daß dieser sich damit trösten kann, daß er sein hartes Geschick einer edlen Sache verdankt und daß er von seinem Dulden einen tröstlichen Blick auf dessen Ursache wenden kann; der andere aber, matt vom Genuß und gequält vom Übermaß des Glücks, stöhnt weniger ob der Ursache seines Leidens als unter seinen unmittelbaren Schmerzen. Das Böse hat noch nicht in solchem Maße von der Menschheit Besitz ergriffen, daß es zweifelhaft wäre, ob nicht – gäbe es die Möglichkeit, sein Schicksal zu wählen – die Mehrzahl lieber als Regulus denn als Maecenas zur Welt kommen wollte. Gäbe es einen Toren, der da sagt, er wollte lieber ein Maecenas als ein Regulus sein, dann wollte er doch auch gleich lieber als Terentia zur Welt kommen, auch wenn er's nicht geradeheraus sagt!

Erscheint dir Sokrates als ein bedauernswertes Opfer, da er auf Weisung des Staates den ihm gemischten Trank nicht anders denn als eine Arznei für die Unsterblichkeit einschlürfte, und weil er es fertigbrachte, vom Tod zu sprechen, bis er die Augen schloß? War es für ihn wirklich ein Unglück, daß sein Blut in den Adern stockte, daß er langsam erkaltete, bis die Lebenskraft schließlich ganz in ihm erstarrte? Wieviel mehr muß man ihn beneiden als jene, denen der Wein in Bechern aufgetischt wird, die mit Edelsteinen besetzt sind ... als jene, denen eine mindere Kreatur, mit der sich alles anfangen läßt, einer, dem die Manneskraft genommen oder bei dem sie wenigstens zweifelhaft ist – den Wein in goldenen Pokalen mit Schnee versetzt? Solche Leute geben das, was sie trinken, erbrechend wieder von sich – sehr zu ihrem Bedauern, und dazu haben sie noch den Nachgeschmack von ihrer Galle ... ein Sokrates aber wird gern und mit Freuden seinen Giftbecher leeren!

Über Cato ist hinreichend gesprochen; die Welt wird sich darüber einig sein, daß er das höchste Glück erlangte; die Natur hat ihn erwählt, daß er sich mit ihr messe in ihrer ganzen Schrecklichkeit. »Will es nichts bedeuten, die Mächtigen zu Feinden zu haben? Stelle sich einer einmal einem Pompejus, einem Caesar, einem Crassus zugleich entgegen! Fällt es schwer, vor minderen Gestalten an Ehre zurückzustehen, dann soll er sich einem Vatinius[12] hintansetzen lassen! Es will etwas bedeuten, bei einem Bürgerkrieg mitzumachen. Nun, allüberall auf der Erde muß er bereit sein, sich für die gerechte Sache in die Schanze zu schlagen mit ebensoviel Mißerfolg wie Beharrlichkeit! Fällt es schwer, sich selbst den Tod zu geben? So tue er's! Was soll all das besagen? Nun, alle sollen es wissen, daß kein Übel darunter ist, dessen ich einen Cato für würdig erachtete.«

IV.

Das Glück hält es mit dem Pöbel und mit den elenden Charakteren. Mit dem Unglück und mit dem Schrecken der Sterblichen fertig zu werden, das ist nur großen Männern gegeben. Aber nach beständigem Glück zu begehren und seine Lebensbahn durchmessen zu wollen, ohne daß einem ein Härchen gekrümmt wird, das heißt die andere Seite der Natur verkennen. Du bist ein großer Mann? Woher soll ich es wissen, wenn dir das Schicksal nicht die Möglichkeit gibt, deine Tüchtigkeit unter Beweis zu stellen? Du warst bei den Olympischen Spielen, doch niemand außer dir – so hast du den Kranz, den Sieg aber hast du nicht! Nicht wie einen tapferen Mann kann ich dich dazu beglückwünschen, sondern eben wie einen, der das Konsulat oder die Prätur erreicht hat, d. h., es ist dir nichts zuteil geworden als eben eine neue Ehre. Das gleiche kann ich auch einem tüchtigen Mann sagen, wenn es keine einzige Schwierigkeit ihm möglich machte, die Kraft seines Herzens unter Beweis zu stellen: »Für elend muß ich dich halten, weil dir niemals Elend widerfuhr. Ohne Gegner bist du durchs Leben gegangen. Niemand wird erfahren, welche Kräfte in dir schlummerten, nicht einmal du selbst!« Denn um sich kennenzulernen, bedarf es einer Prüfung; was einer fertigbringt, hat keiner erfahren, ohne daß er es probierte! Deshalb haben manche sich aus freien Stücken dem Unglück dargeboten, als es vor ihnen weichen wollte, und sie suchten so für ihre Tugend, die sich unerkannt im Dunkel verflüchtigen wollte, eine Möglichkeit, sich glanzvoll zu bewähren. Ich gehe sogar soweit, zu behaupten, daß große Männer sich über ein Unglück geradezu freuen, so wie sich tapfere Soldaten über das Kriegsgetümmel freuen. Es war unter Tiberius, als ich einen Gladiator klagen hörte, daß es so wenig zu leisten gebe; »wie geht doch die schöne Zeit dahin«, sagte er. Ein tapferes Herz begehrt die Gefahr und es denkt an sein Ziel, nicht an seine Leiden, denn auch dies ist ein Teil seines Ruhmes. Kriegsleute rühmen sich ihrer Wunden; es macht ihnen Freude davon zu reden, wie das Blutvergießen ihnen den Sieg brachte. Wer ohne Wunden der Schlacht entkam, mag gleiches vollbracht haben, mehr jedoch blickt man auf den, der verwundet zurückkehrt. Ich möchte sagen, Gott kümmert sich gerade dann um jene, denen er die höchste Ehre zuerkennen will, wenn er ihnen die Gelegenheit gibt zu beherzter, tapferer Tat. Und dazu bedarf es gewisser Schwierigkeiten. Den Steuermann lernt man im Sturm kennen, den Kriegsmann in der Schlacht. Woher soll ich wissen, wie gewappnet du bist gegen die Armut, wenn dir dein Reichtum überquillt? Wie kann ich wissen, wie gefeit du bist wider Schmähung und Verleumdung und gegen den Haß der Massen, wenn dich der Beifall bis ins Greisenalter begleitet? Wenn dich eine untilgbare Gunst förmlich verfolgt, eine Gunst, die dir die Herzen aller zufliegen läßt? Woher soll ich wissen, wie wenig du dir daraus machst, wenn du ein Kind verlierst, wo du doch alle bei dir sehen darfst, die dir geboren waren? Ich war Zeuge, wie du *anderen* Trost schenktest; doch hätte ich dich lieber sehen wollen, wie du *dir selbst* Trost verschafftest, wie du dir selbst den Schmerz verwehrtest.

So beschwöre ich euch, wollet nicht in Schrecken geraten ob des Unheils, das die unsterblichen Götter euch zumuten, wie um euch die Sporen zu geben! Im Unheil könnt ihr eure innere Kraft bewähren. Wahrhaftig beklagenswert sind jene, die vor lauter Glück erschlaffen, die bei Meeresstille eine tatenlose Ruhe umfängt. Ungewohnt ist ihnen, was auch über sie kommt. Das Furchtbare bedrängt sie, die es noch nicht kennengelernt, in höherem Grade. Schwer ist es für einen zarten Nacken, das Joch zu tragen. Der bloße Gedanke an eine Wunde läßt den jungen Rekruten erblassen, während der alte Veteran sein eigenes Blut sehen kann, ohne mit der Wimper zu zucken; weiß er doch, wie oft ihm der Sieg zuteil war, wenn er sein Blut vergoß.

Wer sich also der Gunst Gottes erfreut, wen Gott liebt, den macht er hart, den prüft er, den nimmt er sich vor! Doch jene, denen er scheinbar zugetan ist, mit denen er offenbar schonend verfährt, die spart er sich für ferneres Ungemach auf, diese Weichlinge! Es ist ein Irrtum, wenn einer glaubt, das bleibe ihm erspart. Auch wer sich eines langen Glücks erfreut, wird sein Teil abbekommen. Scheint einer übersehen worden zu sein, so ist es nur ein Aufschub. Warum sind es gerade die besten Menschen, welche von der Gottheit mit Krankheit, Trauer oder anderen Unannehmlichkeiten bedrängt werden? Warum werden auch im Krieg gerade den tapfersten Soldaten Gefahren zugemutet? Nur Elitetruppen setzt der Feldherr ein, wenn es gilt, die Feinde nächtlicherweile aus dem Hinterhalt anzugreifen oder einen Weg zu erkunden oder feindliche Postenstellungen zu zerschlagen. Und keiner von denen, die zur Erfüllung der Befehle ausziehen, wird sagen: »Da hat es der Feldherr ja schlimm mit mir gemeint«, sondern »eine gute Meinung hat er von mir!« So sollen auch jene sprechen, denen Leiden auferlegt sind, die für furchtsame und feige Naturen Grund zur Klage wären: Die Gottheit hielt uns für wert zu erproben, was die menschliche Natur zu ertragen vermag. Geht allem aus dem Weg, was euch verzärtelt, meidet das Glück, das die Nerven schwächt und den Leib erschlaffen läßt und einen wie in ständiger Trunkenheit benommen macht, falls nicht etwas eintritt, was einen an sein menschliches Geschick erinnert. Von wem die Schutzwehr der Fenster jeglichen Lufthauch fernhält, wessen Füße ständig durch neue Wärmevorrichtungen warmgehalten werden, wessen Speisetafel von einer unsichtbaren Wärmequelle entlang der Wände pausenlos temperiert wird, den wird kein leichter Lufthauch streifen, ohne daß er in Gefahr gerät. Alles Zuviel ist ja wohl schädlich, und so bringt ein Übermaß von Glück auch keine kleinen Gefahren mit sich: Es erregt das Gehirn, ruft eitle Vorstellungen in der Seele wach und taucht sie in ein Dunkel, das zwischen Wahrheit und Irrtum schwankt. Sollte es nicht besser sein, dauerndes Unglück zu ertragen, das einem die Betätigung des Mutes abverlangt, als durch ein endloses, unermeßliches Glück zugrunde zu gehen? Der Tod aus Mangel an Nahrung ist angenehmer, wer den Magen überladet, dem zerreißt es den Körper.

Deshalb halten es die Götter mit tugendhaften Menschen so wie die Lehrer mit den Schülern, die von jenen die größten Leistungen fordern, von denen sie diese mit dem meisten Recht erhoffen dürfen. Vermeinst du, die Spartaner liebten ihre Kinder nicht weil sie diese vor aller Augen züchtigten, um ihren Charakter zu prüfen? Und ihre eigenen Väter machen den Jungen Mut, die Peitsche tapfer zu ertragen; und wenn sie davon zerfetzt sind und halbtot, dann flehen die Väter förmlich, sie möchten ihre wundenbedeckten Körper weiteren Verwundungen preisgeben. Und da sollten wir erstaunt sein, wenn die Gottheit mit edlen Geistern hart verfährt? Es fordert eben viel Härte, die Tüchtigkeit unter Beweis zu stellen. Drum, wenn uns das Schicksal schlägt, setzt es uns hart zu, dann wollen wir es ertragen! Nicht Grausamkeit ist es, nein, ein Wettkampf! Je häufiger der Sieg unser ist, desto mehr Kraft wird uns zu eigen. Am meisten hält der Körperteil aus, der ständig in Tätigkeit ist. Wir müssen uns dem Schicksal preisgeben, damit es uns abhärtet für den Kampf mit ihm. Nach und nach macht es, daß wir ihm standhalten können; und daß wir Gefahren gegenüber gleichgültig sind, setzt voraus, daß wir ständig Gefahren ausgesetzt sind. So ist der Matrose hart genug, die Unbill des Meeres zu ertragen, der Bauer hat schwielige Hände, und des Kriegers Arm ist stark genug, das Wurfgeschoß zu schleudern, der Läufer in der Rennbahn aber verfügt über flinke Gliedmaßen; bei jedem ist das Organ am stärksten ausgebildet, das er in Übung hält.

Um Leiden gering zu achten, müssen wir eben erst die Geduld üben; und wodurch wir soweit kommen können, das kann man erfahren, wenn man den Erfolg der Mühen sieht bei den armen Völkern, die aus ihrer Armut Stärke gewinnen. Betrachtet alle Völker, über die Roms Friedensherrschaft nicht gebietet ... die Germanen und die ganzen Völkerschaften, die an der Donau entlang umherziehen ...[13], ein ewiger Winter, ein trauriger Himmel bedeckt sie, ein kärglicher Boden gibt ihnen nur kümmerlich zu leben, gegen den Regen schützen sie sich mit Schilf- oder Laubdächern, auf hartgefrorener Eisfläche überqueren sie ihre Sümpfe, und um sich zu nähren, stellen sie dem Wilde nach. Kommen sie dir bejammernswert vor? Nichts ist zu bejammern, was Gewöhnung zur Natur werden ließ. Allmählich wird es eine Lust, was anfänglich bittere Notwendigkeit war. Sie verfügen über keine Behausungen, keine Wohnplätze außer über jene, die ihnen einen Tag wie den anderen die Müdigkeit anweist. Schlechte Nahrung, die man noch dazu mit seiner Hände Arbeit beschaffen muß, ein bitter unwirtliches Klima, dazu der Mangel jeglicher Kleidung – das sind alles diese Dinge, die dir unheilvoll erscheinen, sie bedeuten aber für viele Völker den Lebensalltag.

Was wunderst du dich noch, wenn sich tüchtige Männer vom Schicksal umherstoßen lassen, um zu erstarken? Es ist kein fester und starker Baum, um den nicht immer wieder ein scharfer Wind fährt; die Erschütterung macht es, daß er sich fest fügt und mit seinen Wurzeln sicheren Halt sucht. Zerbrechliche Bäumchen sind es, die da im sonnendurchwärmten Tal erwuchsen.

So ist es denn nur gut für tüchtige Männer, wenn sie sich, um jedes Gefühl des Schreckens zu bannen, viel den Schrecknissen preisgeben, wenn sie mit Gleichmut ertragen, was nur für den ein Übel ist, der es nicht zu ertragen weiß.

V

Bedenke ferner, daß es für alle das Beste ist, wenn gerade die Tüchtigsten gewissermaßen Kriegsdienst leisten und ihr Handwerk tun. Die Gottheit hat es sich genauso wie die Philosophen vorgenommen, den Beweis zu führen, daß es weder gut noch böse ist, was Durchschnittsmenschen begehren und was sie fliehen. Hat aber Gott etwas ausschließlich den guten Menschen zugedacht, so ist es offensichtlich, daß es sich dabei um etwas Gutes handelt, und gleicherweise um etwas Schlechtes, wenn Gott nur die Schlechten damit behelligt. So wird denn auch die Blindheit zu verwünschen sein, wenn niemand sein Augenlicht verliert, als wer es verdient. Ein Appius und ein Metellus[14] soll also mit Blindheit geschlagen sein! Reichtum bedeutet kein Gut; deshalb mag ihn auch ein Kuppler vom Format des Elius sein eigen nennen, damit die Menschen sehen können, daß es auch im Hurenhaus das Geld gibt, das in den Göttertempeln seine Weihe empfing. Die Gottheit kann doch nicht deutlicher die üblichen Wünsche der Menschheit verabscheuungswürdig erscheinen lassen als wenn sie gerade den übelsten Menschen gewährt, was sie den besten verweigert. »Aber es ist dennoch nicht in Ordnung, daß ein guter Mensch gefoltert, ans Kreuz geschlagen oder in Fetzen gerissen wird, während sich der Schlechte mit unversehrtem Körper in aller Freiheit seinen Gelüsten hingeben kann.« Was noch? Es ist ja auch in Ordnung, daß tapfere Männer zu den Waffen greifen, ihre Nächte im Lager hinbringen und mit verbundenen Wunden vor der Umwallung stehen, während minderwertiges Gelichter aus der Schamlosigkeit ein Geschäft macht und sich ungefährdet in der Stadt herumtreibt. Was wollt ihr noch weiter? Es ist doch auch ganz in Ordnung, daß man die edelsten Jungfrauen mitten in der Nacht zum Dienst am Heiligtum aufweckt, während schmutzige Huren den Schlaf genießen? Für die Besten gibt es nur Arbeit: Der Senat muß oft den ganzen Tag seines Amtes walten, während gleichzeitig der Abschaum der Gesellschaft auf dem Marsfeld lungert, auch in üblen Kneipen sich herumtreibt oder die Zeit in irgendeiner fragwürdigen Gesellschaft totschlägt.

Genauso ist es um dieses große Gemeinwesen des Staates bestellt: Die Tüchtigen strengen sich an, bringen Opfer und sind selbst die Opfer, und zwar nicht etwa gegen ihren Willen; nicht das Schicksal ist es, das sie mit sich reißt, nein, sie folgen von selbst und halten Schritt. Hätten sie davon gewußt, so wären sie ihm vielleicht sogar zuvorgekommen. Ich entsinne mich auch jenes beherzten Wortes unseres tüchtigen Demetrios[15]: »Allein dies ist es, ihr Unsterblichen, was ich euch zum Vorwurf mache, daß ihr mir nicht vorher kundtatet, was ihr mit mir vorhattet; in diesem Falle nämlich hätte ich mich eher darauf eingestellt, wofür ich erst jetzt zur Stelle bin, nachdem ihr mich gerufen. Meine Kinder soll ich euch opfern? Für euch wurden sie mir geboren. Ihr verlangt einen Teil meines Körpers? Nehmt, es ist nichts Besonderes, was ich euch zu bieten habe; bald will ich ihn ganz verlassen! Mein Leben wollt ihr? Warum auch nicht? Keinen Augenblick will ich zögern, euch wiederzugeben, was mir aus eurer Hand kam. Begehrt, was ihr wollt, ich werde es euch freiwillig überlassen! Ich hätte es euch nur lieber von mir aus dargeboten als herausgegeben: Wozu denn müßt ihr es euch holen? Ihr könntet es euch ja geben lassen. Doch auch so werdet ihr es nicht wegholen müssen, denn nur, wenn einer etwas festhält, kann davon die Rede sein, daß man es ihm wegnimmt«.

Es widerfährt mir kein Zwang, nichts geschieht mir gegen meinen Willen, und es ist nicht an dem, daß ich Gott diene, nein, ich ergebe mich in seinen Willen, und zwar um so mehr, da ich weiß, daß alles nach einem unabänderlichen, ewig heiligen Gesetz abläuft. Uralte Bestimmung ist es, die uns leitet, und schon die erste Stunde unseres Lebens entschied darüber, wieviel Zeit uns zugemessen ist. Eine Ursache ist verkettet mit einer anderen, und das Leben des einzelnen wie der Gemeinschaft greift planvoll ineinander in unabsehbarer Folge. Daher alles mutig getragen, da alles nicht, wie wir glauben, durch Zufall eintritt, sondern mit Notwendigkeit herankommt! Deine Freuden, deine Tränen, längst sind sie bestimmt. Mag sich der Verlauf des Lebens in noch so viel Spielarten bei den einzelnen Menschen vollziehen, es läuft doch am Ende auf eins hinaus: Wir, die wir vergänglich sind, haben Vergängliches empfangen. Wozu also unsere Unzufriedenheit? Was sollen die Klagen? Das ist nun einmal unsere Bestimmung! Mag die Natur nach ihrem Belieben mit unseren Körpern walten, die ja ihr gehören – wir wollen zu allem mit Freuden bereit sein und wollen uns mutig damit trösten, daß es nicht uns gehört, was wir verlieren.

Wie verhält sich ein rechter Mann? Er ergibt sich in sein Geschick. Es ist ein großer Trost zu wissen, daß wir das Schicksal der Vergänglichkeit mit der gesamten Schöpfung teilen. Was immer es ist, was uns gerade dieses Leben und diesen Tod auferlegt hat ... es hat mit der gleichen Unabdingbarkeit auch die Götter gebunden. Unausweichlicher Verlauf der Dinge, bei den Göttern wie bei den Menschen. Wohl hat der Schöpfer und Lenker des Alls die Geschicke bestimmt, doch auch er fügt sich darein, und ewig gehorcht er, der nur ein *einziges Mal* befohlen ...!

»Doch weshalb hat Gott die Schicksale so ungerecht verteilt, daß er den Guten Armut und Wunden und bitterer Verlust durch den Tod auferlegte?« Nun, der Künstler kann den Werkstoff nicht ändern, das geht nicht mehr, der bleibt, wie er ist. Es gibt Dinge, die sich nicht trennen lassen, sie hängen zusammen und sind unteilbar. Was von Natur aus schlapp ist, gerne in Schlaf verfällt oder in ein Wachen, das dem Schlafe ähnelt ... solches ist eben aus einem kraftlosen Grundstoff gebildet; um einen rechten Mann in des Wortes rechter Bedeutung entstehen zu lassen, dazu bedarf es eines harten Lebensschicksals. Nicht auf ebenem Wege wird er dahinwandeln, bald wird es aufwärts, bald abwärts gehen, hierhin und dorthin muß ihn das Schicksal stoßen. Sein Lebensschiff wird er auf unruhiger See dahinsteuern. Gegen das Schicksal muß er seine Richtung behaupten; viel Hartes, viel Leidvolles wird er hinnehmen müssen, doch er selbst muß sehen, wie er sich's erleichtert, wie er seine Wege gangbar macht. Gold prüft man im Feuer, im Elend den rechten Mann. Sieh, wie hoch die Tugend emporklimmen muß, dann wirst du verstehen, daß sie nicht auf sicheren Pfaden wandeln darf. »Steil ist anfangs der Weg, daß kaum ihn morgens die frischen Rosse bewältigen: mittags erreicht er die Höhe des Himmels, wo ich Erde und Meer tief unten selber oft schaudernd sehe und mir die Brust erbebt vor banger Besorgnis. Jäh ist der Weg zuletzt und fordert sichere Lenkung: Ja, auch Tethys sogar, die tief in den Wellen mich aufnimmt, pflegt zu befürchten, ich würde kopfüber heruntergerissen.«[16] Als der edle Jüngling dies hörte, sprach er: »Dieser Pfad gefällt mir, es lohnt sich, ich will auf ihm wandeln, selbst dann, wenn ich auf ihm stürzen sollte«. Der Sonnengott aber fährt fort, seinen hochgemuten Sohn mit furchtbarer Drohung zu schrecken: »Wenn du die Bahn auch hieltest und schweifest nie in die Irre, mußt du dennoch durchschreiten des Stiers bedrohende Hörner und des Hämoniers Geschoß, den Rachen des schrecklichen Löwen.«[17] Und darauf nun gibt der Jüngling zur Antwort: »Den

Wagen spanne mir an, du hast mir's versprochen. Wodurch du mich aber zu schrecken glaubst, das spornt mich nur an. Ja, dort will ich stehen, wo selbst die Sonne ins Wanken gerät!« Der gemeine und träge Mensch verlangt nach sicheren Pfaden, auf steiler Höhe aber wandelt die Tugend.

VI.

»Wir kommt es, daß die Gottheit es zuläßt, daß guten Menschen Übles zustößt«? Nein, die Gottheit läßt es nicht zu; alles Böse hat sie von ihnen abgewehrt, Schändlichkeit und Verbrechen, gemeine Gedanken und habgierige Absichten, blindes Begehren und den Geist, der fremdes Hab und Gut bedroht; Schutz und Hilfe gewährt sie ihnen. Oder erwartet man von der Gottheit auch noch, daß sie sich um das Reisegepäck der Guten kümmert? Nein, solche Obsorge erlassen sie der Gottheit, denn sie schätzen ja die äußeren Güter gering. Ein Demokrit verzichtete auf seinen Reichtum, da er ihn als eine Belastung ansah für seinen hohen Geist. Was Wunder, wenn Gott einmal einem guten Menschen zumutet, was dieser wohl selbst dann und wann sich wünschen mag? »Gute Menschen werden vom Verlust ihrer Kinder getroffen« ... warum auch nicht? Sie töten sie ja zuweilen sogar selbst! »In die Verbannung müssen sie gehen« ... warum nicht? Es kann ja auch vorkommen, daß sie selbst ihrem Vaterland den Rücken kehren, ohne es jemals wieder aufzusuchen. »Sogar getötet werden sie« ... warum nicht, wo sie doch bisweilen sogar selbst ihr Leben beenden? »Wie kommt es, daß sie oft ein schweres Schicksal haben?« Nun, daß andere von ihnen zu leiden lernen; sie sind da, um Vorbild zu sein.

Stell dir also vor, die Gottheit spreche folgendermaßen: »Was habt ihr über mich zu klagen, die ihr Gefallen habt an dem, was recht ist? Die anderen habe ich rings umgeben mit falschen Gütern, und die Herzen der Eitlen habe ich gleichsam durch einen langen trügerischen Traum in die Irre geführt. Mit Gold, mit Silber und mit Elfenbein habe ich sie aufgeputzt, doch in ihrem Inneren findet sich nichts Gutes. Beseht ihr euch jene scheinbar Glücklichen nicht dort, wo sie sich offen unserm Auge bieten, sondern dort, wo sie verdeckt sind ... dann sind sie kläglich, voll Schmutz und häßlich; ganz so wie ihre Wände sind sie nur auf der Außenseite übertüncht. Hier findet sich kein beständiges, kein reines Glück, eine Umkleidung ist es nur, und zwar eine ganz fadenscheinige. Solange es möglich ist, daß sie aufrecht stehen und sich nach ihrem Belieben zeigen, solange verbreiten sie Glanz und erregen Gefallen. Ein kleiner Unfall jedoch, der sie aus der Ordnung bringt und sie in ihrer Blöße zeigt, macht es schon deutlich, welch eine abgrundtiefe Gemeinheit der Glanz verborgen hatte, der gar nicht ihr eigen war.

Euch aber gab ich beständige, sichere Güter, und zwar um so bessere und größere, je mehr sich einer damit befaßt und je genauer man sie prüft. Ich gab euch die Fähigkeit, zu verachten, was Furcht erregt, gab euch den Ekel vor der elenden Begierde; nicht nach außen hin gebt ihr hellen Schein, nein, nach innen sind eure Vorzüge gerichtet. So achtet auch die Schöpfung nicht auf das, was um sie her ist, freut sie sich doch an der Betrachtung ihrer selbst. In euren Herzen machte ich Platz für alles Gute; des Glückes nicht zu bedürfen, das ist euer Glück.

›Aber viel Trauriges kommt über einen, Entsetzliches, was man kaum zu ertragen weiß.‹ Ja, das konnte ich euch nicht ersparen und gerade deshalb habe ich eure Herzen gegen alles gerüstet. Tragt es tapfer! Das ist es, worin ihr sogar der Gottheit überlegen sein könnt; ihr ist es nämlich versagt, Schlimmes erdulden zu müssen, ihr aber seid darüber erhaben. Verachtet die Armut, denn niemand lebt so arm, wie er geboren ward! Verachtet auch den Schmerz, denn entweder er nimmt ein Ende oder er bringt euch das Ende! Verachtet den Tod, denn entweder setzt er eurem Leben eine Grenze oder er versetzt euch nur in einen anderen Zustand. Verachtet das Schicksal, denn ich, die Gottheit, habe ihm keine Waffe verliehen, die euren Geist zu treffen vermöchte. Vor allem aber habe ich Vorsorge getroffen, daß euch niemand gegen euren Willen zurückhalten kann, der Ausweg ist offen. Wenn euch der Kampf lästig ist, dann könnt ihr gehen; und deshalb habe ich euch das Sterben besonders leicht gemacht vor allen anderen Dingen, die euch wichtig sein könnten. Dort wies ich der Seele ihren Platz an, von wo sie leicht den Ausweg findet; paßt nur auf, dann seht ihr, wie kurz der Weg aus dem Leben ist, und wie leicht man auf ihm wandert! Den Ausgang habe ich euch nicht so schwer gemacht wie den Eintritt ins Leben, denn sonst hielte das Schicksal eine große Gewalt über euch in Händen, ginge das Sterben so langsam vor sich wie die Geburt. Jeden Augenblick und allerorten könnt ihr es erleben, wie leicht man der Natur den Gehorsam aufsagen, wie leicht man ihr das Geschenk zurückerstatten kann, das man von ihr erhielt. An den Opferstätten und beim heiligen Opferdienst, wo man um das Leben betet, dort lernt auch zu sterben! Eine kleine Wunde genügt schon, um die gewaltigen Körper der Stiere zu fällen, und vom Schlag einer Menschenhand brechen Tiere von ungeheurer Kraft zusammen. Ein dünner Stahl reicht aus, eine Nackenfalte zu durchschneiden, und trifft das kleine Gelenk zwischen Kopf und Hals ein Schnitt, dann sackt jene gewaltige Hülle zu Boden. Der Lebensodem sitzt gar nicht tief, und es bedarf nicht des Schwertes, um ihn zu treffen; keine sehr tiefe Wunde ist nötig, um zum Sitz des Lebens zu gelangen, der Tod ist schnell zur Hand. Es sind keine bestimmten Körperstellen, die ich für solches Zustoßen bereitet habe; wo du willst, öffnet sich ein Weg.

Das, was man als ›Sterben‹ bezeichnet, die Trennung der Seele vom Körper, geht rascher vor sich, als man es mit den Sinnen wahrnehmen könnte; mag eine Schlinge den Schlund verschließen, mag ein Wassertropfen die Luftröhre verstopfen, oder mag einer mit dem Kopf nach unten stürzen, daß ihm der harte Boden die Besinnung raubt, mag die sengende Flamme dem Atem den Weg versperren ... sei es, was immer, jedenfalls ist es schnell vorbei! Schämt ihr euch nun? Was so rasch vor sich geht, davor fürchtet ihr euch so lange!«

ERLÄUTERUNGEN

Moralische Briefe

1 Epikur aus Samos begründete Ende des 3. Jahrhunderts v. Chr. in Athen die nach ihm benannte Philosophenschule; ausgeglichene Ruhe des Geistes, Beherrschung jeglicher Lust durch den Verstand, Befreiung von Furcht und Schmerz, Zurückgezogenheit von den Verantwortungen des Staatslebens waren ihre Ziele.

2 Cato Uticensis gab sich 46 v. Chr. nach dem Untergang der Republik den Tod.

3 S. Anm. 1.

4 Metrodoros von Stratonikeia, Anhänger des Epikur, später Akademiker.

5 Posidonius (135–51 v. Chr.), Stoiker, Naturforscher und Historiker, hatte starken Einfluß auf die römische Bildung.

6 Solon schuf 594 v. Chr. die erste Verfassung Athens.

7 Lykurg wurde angeblich im 9. Jahrhundert v. Chr. zum Gesetzgeber Spartas berufen.

8 Zaleukos wurde um 660 v. Chr. von den Lokrern mit der Schaffung einer Rechtsordnung beauftragt.

9 Charondas (um 550 v. Chr.) war neben den Genannten einer der bedeutendsten Gesetzgeber Griechenlands und hatte großen Einfluß auf die rechtliche Entwicklung der westgriechischen Städte.

10 Vergil, Georgica I 139 f.

11 Diogenes aus Sinope (um 350 v. Chr.), der berühmte Kyniker und Vorkämpfer der Bedürfnislosigkeit.

12 Dädalus, der mythische kunstreiche Erfinder, Vater des unglücklichen Ikarus.

13 Syrten = die beiden Golfe an der Nordküste Afrikas.

14 S. Anm. 5.

15 Ovid, Metamorphosen VI 55 ff.

16 Anspielung auf die von Tiro, einem Freigelassenen des Cicero, erfundene römische Stenographie.

17 Laren = Schutzgottheiten des Hauses.

18 Genius = persönliche Schutzgottheit eines jeden Menschen.

19 Demokrit, 5. Jahrhundert v. Chr., Universalwissenschaftler, Begründer der Atomlehre.

20 Vergil, Georgica I 124 ff.

21 Hekaton von Rhodos, ca. 160–90 v. Chr.

22 Timon aus Athen (Ende 5. Jahrhundert) zog sich nach üblen Erlebnissen in die Einsamkeit zurück.

23 Polyän, epikureischer Pädagoge.

24 S. Anm. 4.

25 Vergil, Aeneis VIII 364.

26 A. Bassus, röm. Geschichtsschreiber der frühen Kaiserzeit, ertrug seine Altersleiden mit vorbildlicher Mannhaftigkeit.

27 Odysseus bei der Begegnung mit den Sirenen (Homer, Odyssee 12,1 ff.).

28 Gattin des Oktavian, des späteren Augustus, 39 v. Chr. aus politischen Gründen geschieden.

29 Cato Uticensis, s. Anm. 2.

30 S. Anm. 2.

31 Juba I., König von Numidien, ließ sich 46 v. Chr. von einem Sklaven nach Caesars Sieg bei Thapsus töten.

32 Vergil, Aeneis I 93 ff.

33 Publius Decius Mus, römischer Nationalheld, weihte sich 295 v. Chr. im Kampf gegen die Samniten dem Tod und entschied so den Sieg der Römer; dasselbe wird auch schon von seinem Vater berichtet.

34 Atilius Regulus, Consul im 1. Punischen Krieg, 255 von den Puniern aus der Gefangenschaft nach Rom zu Friedensverhandlungen geschickt, kehrte in die Gefangenschaft zurück, nachdem er den Römern von einem Frieden abgeraten hatte.

35 S. Anm. 2.

36 Kyniker des 1. Jahrhunderts n. Chr.

37 Stoiker des 1. Jahrhunderts n. Chr., Lehrer des Seneca.

38 P. Cornelius Scipio Africanus Numantinus hungerte 133 v. Chr. die Stadt Numantia aus, die sich dann ergab.

39 Das vornehmste Luxusbad der Römer bei Pozzuoli (Neapel).

40 Der Posilipp, der bekannteste Berg im Norden Neapels, zieht sich so nahe am Meer hin, daß die Küstenstraße auch heute durch einen Tunnel führt.

41 Vergil, Aeneis VIII 352.

42 Berühmter stoischer Philosoph aus Rhodos (ca. 180–110 v. Chr.).

43 Vergil, Georgica I 176.

44 C. Julius Callistus, ein kaiserlicher Freigelassener, kam schon unter Caligula zu großem Einfluß; sein Reichtum und seine Überheblichkeit wurden sprichwörtlich.

45 Gaius Marius, der Sieger über die Cimbern und Teutonen (102/101), versagte als Politiker und zog zahlreiche Persönlichkeiten mit in seinen Untergang.

46 Hecuba (griech. Hekabe), Mutter des Hektor, wird nach dessen Tod und nach dem Fall Troias die Sklavin des Odysseus.

47 Der reiche Lyderkönig unterliegt 547 v. Chr. dem Perserkönig Kyros, in dessen Umgebung er dann sein Leben fristet.

48 Darius III., 333 bei Issos, 331 bei Gaugamela von Alexander d. Gr. geschlagen; Mutter und Schwester wurden von Alexander als Gefangene respektvoll behandelt.

49 Platon soll auf der Rückkehr von Syrakus von Seeräubern als Sklave verkauft, von Freunden aber wieder ausgelöst worden sein.

50 Der bekannte Kyniker soll nach einem antiken Roman als Sklave verkauft worden sein und seinem Herrn durch seine Weisheit beste Dienste geleistet haben.

51 Zenon der Jüngere aus Kition begründete ca. 315 v. Chr. in Athen die stoische Schule.

52 Chrysipp, 280 v. Chr. in Kilikien geboren, war der eigentliche Organisator der stoischen Schule.

53 Vergil, Bucolica I 6 f.

54 Vergil, a. a. O. 9

55 Qu. Sextius, römischer Philosoph, Ende 1. Jahrhundert v. Chr.

56 Aeneis III 71.

57 Aeneis VI 78 f.

58 Vergil, Georgica I 336.

59 Vergil, Georgica I 424.

60 S. Anm. 5.

61 Didymus Chalkenterus (»mit dem ehernen Gedärm«: Spottnamen für seinen absonderlichen Fleiß).

62 Anakreon aus Teos (Mitte des 6. Jahrhunderts v. Chr.) führte ein sehr genußfrohes Leben entsprechend seiner Dichtung.

63 Berühmte griechische Dichterin aus Lesbos (um 600 v. Chr.).

64 Grammatiker aus Samothrake (217 bis 145 v. Chr.).

65 Grammatiker und Lexikograph (1. Jahrhundert n. Chr.), Leiter der Grammatikerschule von Alexandria.

66 Aus Abdera, berühmter Sophist des 5. Jahrhunderts v. Chr.

67 Anhänger des Demokrit, aus Teos (4. Jahrhundert v. Chr.).

68 Zenon der Ältere (5. Jahrhundert v. Chr.) aus Elea, Schüler des Parmenides.

69 Ebenfalls aus Elea (Unteritalien) stammend (um 500 v. Chr.), Rationalist, bestreitet jedes »Werden«, anerkennt nur ein »Sein«.

Dialog »Von der Vorsehung«

1 Der jüngere Cato (Cato Uticensis) unterlag 46 v. Chr. im Kampf gegen Caesar bei Thapsus und verübte in heldenhafter Weise Selbstmord, da er das Ende der Republik nicht glaubte ertragen zu können. Immer wieder ist er für Seneca das Ideal des charakterfesten Stoikers, der bereit ist, auf das Leben zu verzichten, wenn er von seinen Grundsätzen abgehen müßte.

2 Der Numiderkönig Juba, Parteigänger des Pompeius im Bürgerkrieg, floh nach der Katastrophe von Thapsus nach Zama, wurde jedoch von den Einwohnern abgewiesen, da er für den Fall der Niederlage deren Vernichtung und die Zerstörung seines eigenen Besitzes angedroht hatte. Auf einem seiner Landgüter duellierte er sich mit dem Caesargegner Petreius, einem erfolgreichen Heerführer; als dieser fiel, ließ er sich von einem Sklaven den Tod geben.

3 Gemeint ist Platons Dialog Phaidon über die Unsterblichkeit.

4 Hier spielt Seneca wohl auf sein eigenes Verbannungserlebnis an.

5 Demetrios, Kyniker des 1. Jahrhunderts n. Chr., mit Seneca befreundet.

6 C. Mucius Cordus Scaevola beeindruckte den gegen Rom ziehenden Etruskerkönig Porsenna dadurch, daß er seine Rechte über einem Kohlenbecken verbrennen ließ, um den Gegner von der zum Äußersten entschlossenen Opferbereitschaft der Verteidiger Roms zu überzeugen; Porsenna ließ daraufhin von der Belagerung Roms ab.

7 C. Fabricius war ein bedeutender römischer Staatsmann und Heerführer, der sich in den Kriegen gegen Pyrrhus durch seine Unbestechlichkeit, Unerschrockenheit und Vaterlandsliebe auszeichnete; er starb angeblich in ärmsten Verhältnissen.

8 P. Rutilius Rufus zeichnete sich im 2./1. Jahrhundert v. Chr. als verantwortungsbewußter, integrer Staatsmann auf der Seite der Optimaten aus. Durch eine offenkundige Rechtsbeugung, die ihn in wirtschaftliche Not brachte, sah er sich veranlaßt, freiwillig ins Exil nach Kleinasien zu gehen.

9 M. Atilius Regulus, Consul im 1. Punischen Krieg, geriet in Gefangenschaft (255 v. Chr.), wurde zur Aufnahme von Friedensverhandlungen nach Rom

geschickt, setzte sich aber dort angeblich für die Fortsetzung des Krieges
ein. In die Gefangenschaft zurückgekehrt, starb er unter grausamen Martern.

10 L. Cornelius, Konsul zur Zeit Sullas, brachte das Gesetz gegen den Meu-
chelmord ein, obgleich er die gefürchteten Proskriptionen Sullas mitzu-
verantworten hatte.

11 C. Maecenas, Berater und Freund des Augustus; seine Gattin Terentia genoß in hohem Maße die Gunst des Kaisers, was schließlich zu einer Ab-
kühlung des Freundschaftsverhältnisses zwischen Augustus und Maecenas
führt.

12 P. Vatinius, eine äußerst zwielichtige Gestalt im Bürgerkrieg (Anhänger
Caesars), besiegte in der Bewerbung um die Prätur Cato.

13 Anspielung auf die Skythen.

14 Appius Claudius Caecus, Censor im 2. Samniterkrieg (312 v. Chr.), soll
ebenso wie L. C. Metellus, Konsul 251 v. Chr. und Sieger über den Kar-
thager Hasdrubal, wegen Gottesfrevels das Augenlicht verloren haben.

15 Demetrios, Kyniker, Freund und Zeitgenosse Senecas, bildete einen Mittel-
punkt der philosophisch interessierten Kreise Roms.

16 Ovid, Metamorphosen II 63 ff.; hier in der Übersetzung von Thassilo von
Scheffer (Sammlung Dieterich Bd. 35, Wiesbaden 1948, S. 31).

17 Ovid, Metamorphosen II 79 ff. (a. a. O. S. 32).

Die Taschenbuchreihe Goldmann KLASSIKER enthält deutsche, römische, griechische, französische, italienische, spanische, englische und russische Literatur. Auf dieser Seite folgt eine Auswahl der römischen Klassikerausgaben.

Leser, die eine vollständige Übersicht über die Klassiker wünschen, bitten wir, unser Verlagsverzeichnis anzufordern.

CAESAR: Sämtliche Werke in 2 Bänden:
– Der Bürgerkrieg (606) DM 3.–
– Der Gallische Krieg (7507) DM 4.–
HORAZ: Oden und Epoden. Lateinisch und deutsch (2563/64) DM 5.–
LIVIUS: Ausgewählte Werke in 3 Bänden:
– Römische Frühgeschichte I: Auswahl aus den Büchern 1–5 der »Römischen Geschichte« (675) DM4 .–
– Römische Frühgeschichte II: Auswahl aus den Büchern 6–10 der »Römischen Geschichte« (831) DM 4.–
– Hannibal ante portas. Die Geschichte des 2. Punischen Krieges: Auswahl aus den Büchern 21–30 der »Römischen Geschichte« (7508) DM 5.–
OVID: Ausgewählte Werke in 4 Bänden:
– Briefe der Sagenfrauen (Heroides) (1350) DM 3.–
– Liebesgedichte (Amores) (1674) DM 3.–
– Liebeskunst; Heilmittel gegen die Liebe (421) DM 3.–
– Metamorphosen (7513) DM 7.–
VERGIL: Sämtliche Werke in 3 Bänden:
– Hirtengedichte. Lateinisch und deutsch. Mit den echten Jugendgedichten, der Vergil-Vita des Sueton und der Einführung in die Hirtengedichte durch Donat (1994) DM 3.–
– Georgica. Vom Landbau. Lateinisch und deutsch (2587) DM 3.–
– Aeneis (447/48) DM 5.–

WILHELM GOLDMANN VERLAG MÜNCHEN

Verehrter Leser,

senden Sie bitte diese Karte ausgefüllt an den Verlag. Sie erhalten kostenlos unsere Verlagsverzeichnisse zugestellt.

WILHELM GOLDMANN VERLAG · 8 MÜNCHEN 80

Bitte hier abschneiden

Diese Karte entnahm ich dem Buch

Kritik + Anregungen

Ich wünsche die kostenlose und unverbindliche Zusendung des Verlagskataloges und laufende Unterrichtung über die Neuerscheinungen des Wilhelm Goldmann Verlages.

Name

Beruf   Ort

Straße

Ich empfehle, den Katalog auch an die nachstehende Adresse zu senden:

Name

Beruf   Ort

Straße

Goldmann Taschenbücher sind mit über 3200 Titeln (Frühjahr 1972) die größte deutsche Taschenbuchreihe. Jeden Monat etwa 25 Neuerscheinungen. Gesamtauflage über 125 Millionen.

Aus dem WILHELM GOLDMANN VERLAG
8 München 80, Postfach 80 07 09 bestelle ich
durch die Buchhandlung

Anzahl	Titel bzw. Band-Nr.	Preis

Datum:

Unterschrift:

4020 · 7024 · 3.000

Wilhelm Goldmann Verlag

8000 MÜNCHEN 80
Postfach 80 07 09

Bitte mit
Postkarten-
Porto
frankieren.